名师名校名校长

凝聚名师共识
回应名师关怀
打造名师品牌
培育名师群体

高中数学
探究活动案例分析

罗望龙　梁智玲　洪小英　著

陕西师范大学出版总社　西安

图书代号　JY24N1966

图书在版编目（CIP）数据

高中数学探究活动案例分析 / 罗望龙，梁智玲，洪小英著. -- 西安：陕西师范大学出版总社有限公司，2024.9. -- ISBN 978-7-5695-4668-2

Ⅰ．G633.602

中国国家版本馆CIP数据核字第2024ZT1977号

高中数学探究活动案例分析
GAOZHONG SHUXUE TANJIU HUODONG ANLI FENXI

罗望龙　梁智玲　洪小英　著

出 版 人	刘东风
出版统筹	杨　沁
特约编辑	刘彦妮
责任编辑	李　娟　秦　云
责任校对	刘锋利
封面设计	言之凿
出版发行	陕西师范大学出版总社 （西安市长安南路199号　邮编 710062）
网　　址	http://www.snupg.com
印　　刷	北京政采印刷服务有限公司
开　　本	710 mm×1000 mm　　1/16
印　　张	13.25
字　　数	164千
版　　次	2025年3月第1版
印　　次	2025年3月第1次印刷
书　　号	ISBN 978-7-5695-4668-2
定　　价	58.00元

读者使用时若发现印装质量问题，请与本社联系、调换。
电话：（029）85308697

第一章　探究性学习案例分析

第一节　探究性学习的概况 …………………………………… 2

第二节　如何开展探究性学习 ………………………………… 21

第三节　探究性学习与高中数学教学 ………………………… 28

第四节　高中数学探究性学习的评价 ………………………… 38

第二章　数与式探究性学习

第一节　1 的 n 次方根 ………………………………………… 46

第二节　探究"1"在高中数学解题中的妙用 ………………… 51

第三节　简单了解二分法及其应用 …………………………… 58

第四节　对数概念的形成与发展 ……………………………… 64

第五节　探究杨辉三角的性质 ………………………………… 70

第三章　集合与不等式探究性学习

第一节　探究集合的子集的个数 …………………………………… 78

第二节　探究基本不等式 …………………………………………… 81

第三节　"糖水不等式"及其应用 ………………………………… 88

第四章　函数探究性学习

第一节　函数概念的发展史 ………………………………………… 92

第二节　函数三种定义方式 ………………………………………… 100

第三节　函数零点存在性研究 ……………………………………… 107

第四节　探究函数图像的对称性 …………………………………… 113

第五节　探究函数 $y = x + \dfrac{1}{x}$ 的图像与性质 ……………………… 119

第六节　"对勾函数"与"飘带函数"拓展研究 ………………… 126

第七节　利用计算机技术探究函数图像及性质 …………………… 132

第五章　几何与代数探究性学习

第一节　探究点到直线距离公式的推导方法 ……………………… 138

第二节　探究三角形中线、角平分线与三边的关系 ……………… 147

第三节　圆锥曲线切线公式探究 …………………………………… 151

第四节　外接球和内切球问题探究 ………………………………… 157

第五节　代数基本定理 …………………………………… 166

第六节　两个复数乘法的几何意义 ……………………… 172

第六章　生活中的数学探究性学习

第一节　妙用不等式，购物惠多多 ……………………… 178

第二节　牙膏价格与质量关系的数学建模案例 ………… 184

第三节　性别与是否经常网购的独立性检验 …………… 188

第四节　善用遗忘曲线提升记忆力 ……………………… 193

第五节　数学趣味活动 …………………………………… 200

第一章
探究性学习案例分析

第一节 探究性学习的概况

一、探究性学习介绍

（一）探究性学习的内涵

美国国家科学教育标准中对探究的定义是"探究是多层面的活动，包括观察；提出问题；通过浏览书籍和其他信息资源发现什么是已经知道结论，制订调查研究计划；根据实验证据对已有的结论做出评价；用工具收集、分析、解释数据；提出解答、解释和预测；以及交流结果。探究要求确定假设，进行批判和逻辑的思考，并且考虑其他可以替代的解释。"从探究这个"动词"表达的意义看，它涉及观察、提出问题、制订研究计划、整理信息、确定假设等活动，主要是有目的地科学研究一些问题。研究探究性学习的学者，在界定探究性学习的内涵时，一般都体现出"探究"这一词义的特征，但由于研究的角度和需要不同，他们提出了各种不同的看法。有的学者重在强调学生主动参与获得知识的过程，如施瓦布将探究性学习定义为"儿童通过自主地参与获得知识的过程，掌握研究自然所必须的探究能力，从而形成认识自然的基础，进而培养探索未知世界的积极态度"。有的学者重在探究学习过程中教师的指导作用，如徐学福把探究性学习定义为"在教师的指导下，为获得科学素养以类似科学探究的方式开展的学习活动"。有的学者侧重于对学习内容和学习过程的探讨，如肖川教授认为"探究性学习是从科学领域或现实社会生活中选择和确定研究主题，在教学中创造一种类似于科学研究的情境，通过学生自主独立地发现问题、实验、操作、调查、信息收集和处理、表达与交流等活动，获得知识、技能、情感与态度的发展，特别是探索精神和创新能力发展的学习方式和学习过程。"还有的学者认为探究性学习是仿照科学研究的方法，掌握科研能力的一种学习。综合上面学者对探究性学习的界定，探究性学习主要涉及在开展学习活动中的师生关系、活动的内容领域、活动的主要形式、活动的目的。因此，可以把探究性学习定义为在教师的指导下，从学科或社会生活中提出探究主题，学生用类似于科学研究的方法，主动地发现问题、探索问题、解决问题，从而提升处理问题的能力，发展学科素养，促进探索精神和创新精神发展的过程，这种学习方式就是探究性学习。探究性学习是一种积极的学习过程。它是以"以学生发展为本"的教学思想为理论基础的教学模式，是一种强调学习过程的教学。而教师由知识的传播者转变成学生学习的组织者、指导者、促进者和参与者。

（二）探究性学习的价值

当今衡量一个人学习能力、生存能力的高低，不在于他掌握了多少知识，而在于他探索、研究、创造能力的高低。因此，在数学教育中，培养学生的探究、创新能力和实践能力，成为目前教育的重要方向。研究表明，探究性学习有利于培养学生独立思考的习惯，激发学生的创造、创新意识。其研究价值主要体现在以下几方面。

1. 有利于提高学生分析问题和解决问题的能力

探究性学习是一种基于某学科或社会生活中的问题，并以解决这些问题为核心的学习。这些问题的解决是没有现成方法的，需要学生综合运用已有的知识和科学思维方法，创造性地进行探究。这种创造性往往体现在收集数据、分析数据、提出解决方案、求解和验证问题等一系列分析问题和解决问题的过程中。通过这样的学习，学生能够很好地提升分析问题和解决问题的能力，也能很好地提升学科素养。

2. 有利于提升学生的思维品质和形成较好的科学素养

探究性学习是以科学研究或类似于科学研究的方法进行的。在探究性学习的过程中，一方面，教师要提供科学的研究方法和思想，引导学生主动学习，学生将这些思想和方法运用于实际问题的解决过程中，使得这些方法得到了强化，并在今后的生活中能够较好地运用这些方法去做研究，从而能够更好地掌握这些方法；另一方面，学生在自我探究、假设和论证以及反复的尝试问题解决的过程中，自己能够领悟、探索出一些适合自己的科学思想方法，掌握好这些科学思想方法，形成良好的研究习惯，能够提升其研究问题的科学素养。

3. 有利于学生知识、技能、情感、态度的协调发展

探究性学习有利于学生巩固和丰富知识，强调将学生已有的知识应用于实际问题解决，从而使学生在已有知识得到巩固的同时，进一步丰富和完善知识。探究性学习关注的重点是学生的学习过程，通过延长或深化学习过程，相对于简约化的课堂知识学习，它强调学习过程中的方法和技能，要求学生采取各种策略进行探索，这个过程本身是对学生问题解决技能的培养和训练过程。探究性学习有利于学生情感态度的发展，在探究过程中，学生学习需要、动机和兴趣得到强化。同时，通过小组学习，促使学生在与他人共同学习、分享经验的过程中，养成良好的情感态度。

（三）中学数学探究性学习的特点

1. 探究主题的多样性

中学数学探究性学习的主题可以来自书本或生活，这些主题涉及的领域相当广泛。中学数学探究性学习主题可以是教材的定义或定理，可以是教材的习题，也可以是教材内容的拓宽，还可以是其他学科或日常生活中遇到的数学问题。因此，探究的主题是多样的。

2. 学生探究的主动性

中学数学探究性学习活动是在教师的指导下，学生主动地发现数学问题、解决数学问题的过程，这就决定了中学数学探究性学习师生关系的特殊性。首先，教师从知识的传授者转变为学生自主活动的指导者。在这种学习活动中，教师不再告诉学生每一步该怎么进行，而是给学生提供各种数学方法，并在学生解决数学问题出现各种困境而无法继续的情况下，适时地进行指导。其次，学生学习的主体性得到了充分发挥。在数学探究性学习中，探究的数学问题的确定、解决数学问题假设的确立、论证和推导假设的进行、结论的得出，都是在学生自主探究的情况下进行的，这个过程老师是不可能包办的。

3. 探究过程的开放性

开放性的问题是考察学生创新思维的一个重要载体，数学开放性问题的解题过程往往就是思考过程的体现。因此，在中学数学教学中，挖掘开放性题目是开展数学探究活动的一个重要内容。例如，在学习指数概念时，让学生观察变量之间的对应关系，虽然还是函数，但是，不能用我们学习过的函数模型刻画增长方式，需要引入一个新的模型，这就自然引出了指数函数的概念。设置的问题应该要具备开放性，不能直接将结果告诉学生，而是引导学生通过类比、归纳、猜想等方法，自己得出结论，并对结论进行证明。通过探究性教学，有效提高学生的洞察力、抽象概括能力，进而获得极佳的教学效果。在教学过程中由授课教师或学生自由选择探讨内容，以数学问题为主要研究对象，结合日常生活或学习文化的经验，在共同提出问题的同时自主思考、解决问题，不仅能有效提高学生的学习兴趣，还能调动学生的学习积极性，激发学生的创造力。

（四）探究性学习与核心素养

关于数学素养成分的研究，蔡上鹤认为数学素养应包含数学知识技能素养、逻辑思维素养、运用数学素养和唯物辩证素养；孔企平认为数学素养是指逻辑思维、常规数学方法、数学应用；何小亚提出其构成要素包括数学运算、数学推理、数学意识、数学思想方法和数学情感态度价值观。他们对数学素养成分的划分或多或少都包含数学方法、数学应用、数学思维。关于数学素养相关概念研究，张奠宙认为数学素养就是数学思维能力，即数学运算能力、逻辑思维能力和空间想象力，其核心是逻辑思维能力；郭衎等人从数学能力维度出发，认为其主要包括学习理解、实践应用、创造迁移。关于从不同角度看数学素养，王光明等人将数学内容、数学过程、现实情境三个维度作为高中生数学素养操作定义的一级维度进行具体研究；喻平从知识分类的角度论述数学核心素养与陈述性知识、程序性知识之间的关系；朱立明从数学课标提出的"四基"（基础知识、基本技能、基本思想、基本活动经验）论述数学核心素养与"四基"之间的关系。

新课标研制组负责人史宁中教授指出，提升学生的数学核心素养，也就是引导学生会用数学眼光观察世界，会用数学思维思考世界，会用数学语言表达世界。新课标指出，提升高中学生数学核心素养，不仅要促进学生思维能力、实践能力和创新意识的发展，还要引导学生探寻事物变化规律，增强社会责任感，在学生形成正确人生观、价值观、世界观等方面发挥独特作用。

数学探究性活动是提升学生核心素养的有效途径，学生通过观察、思考进而提出问题。学生通过提出问题及教师的指导，能够提升数学观察能力；学生通过对所提出问题的求解和教师的指导，有助于发展数学思维能力；学生将问题和求解过程用数学符号和语言进行表达，有助于提升数学的表达能力。

开展数学探究性学习，有助于提升学生思考问题的能力。学生去观察、探索、发现生活和学习中的数学问题，通过团队或个人查找资料，在讨论、思考和解决数学问题的过程中获得成就感，从而提升学习数学的兴趣。我们仔细分析在教学中学生的数学探究成果，可以看到它们都是有明确的指向性。为达到教学目的所设置的探究问题，学生通过思考和求解可以很好地掌握较难理解的数学概念或公式定理等。数学探究性学习的关键环节是创设问题情境，问题情境不仅仅是问题解决情境，还包括问题发现情境。在课堂教学中，教师既要创设一个民主的、开放的氛围，使学生敢提出问题，又要教给学生提问的方法，使学生善于提出问题。教师要灵活地运用多种形式创设各种各样的问题情境，使学生处于"心欲求而未得，口欲言而不能"的状态，从而引导学生探究，达到激发思维的目的。开展数学探究活动可以促进学生深度学习、主动学习、探究出有用的成果，进而提升数学核心素养。

二、数学探究活动

探究性学习更有利于培养学生独立思考的习惯，激发学生的创新意识。在新一轮数学课程改革中，这一教学方式得到了大力提倡，根本原因就在于数学探究活动能够促进学生深度学习，培养学生的理性思维，培养学生的科学探究的精神。但是如何才能发挥出数学探究的作用，换句话说，如何通过数学探究促进学生深度思考，提升数学核心素养呢？

(一) 在数学问题中创设问题情境指导学生数学探究，提升学生的数学抽象与直观想象素养

《普通高中数学课程标准（2017年版）》这样界定数学核心素养中的"数学抽象"："数学抽象是指通过对数量关系与空间形式的抽象，得到数学研究对象的素养。主要包括：从数量与数量关系、图形与图形关系中抽象出数学概念及概念之间的关系，从事物的具体背景中抽象出一般规律和结构，并用数学语言予以表征。""数学抽象主要表现为：获得数学概念和规则，提出数学命题和模型，形成数学方法与思想，认识数学结构与体系。"数学探究通过教师的思考与提炼的数学问题或数学模型等，均具有抽象化、模式化的特点。学生通过对探究性问题的思考与学习，能够有助于发展数学抽象素养。

希尔伯特在《直观几何》序言里说："要帮助我们的学生学会用图形来描述和刻画问题，要帮助学生学会用图形去发现解决问题的思路。"通俗地讲：几何直观就是看图想事，看图说理。高中学生数学抽象能力还比较弱，特别是刚进入高中阶段学习的学生，尽管初中也学习了不少数学概念，对抽象的数学符号还是存在认知障碍，如果在解决问题时辅之以直观，就能够帮助学生明晰题意，从而为顺利解决问题扫除障碍。这样的直观需要表达出来，通过这些材料进行数学探究，数学抽象素养的提升就隐含其中了。

案例1. 函数概念的探究

函数是现代数学最基本的概念，是描述客观世界中变量关系和规律的最为基本的数学语言和工具。在高中阶段，函数不仅贯穿数学课程的始终，而且也是学习方程、不等式、数列、导数等内容的工具和基础，在物理、化学、生物学等其他学科中也有广泛应用。在高等数学中，函

数是基本数学对象；在实际应用中，函数是数学建模的重要基础。

学生在初中学习了函数概念，函数定义采用"变量说"。高中阶段要建立函数的"对应关系说"，它比"变量说"更具一般性。与初中的"变量说"相比，高中用集合语言与对应关系描述函数概念，明确了定义域、值域，引入抽象符号$f(x)$。

函数概念的核心是"对应关系"：两个非空数集A，B间有一种确定的对应关系f，即对于数集A中每一个x，数集B中都有唯一确定的y和它对应。这里的关键词是"每一个""唯一确定"。集合A，B及对应关系f是一个整体，是两个集合的元素间的一种对应关系，这种"整体观"很重要。

(1) 探究问题一：某"复兴号"高速列车加速到 350 km/h 后保持匀速运行半小时。请同学们根据此情境回答以下问题：

① 这段时间内，列车行进的路程s（单位：km）与运行时间t（单位：h）的关系如何表示？这是一个函数吗？为什么？

② 如果有人说："根据对应关系$s=350t$，这趟列车加速到 350 km/h 后，运行 1 h 就前进了 350 km。"你认为这个说法正确吗？

③ 你认为如何表述s与t的对应关系才是精确的？

(2) 探究问题二：某电气维修公司要求工人每周工作至少 1 天，至多不超过 6 天。如果公司确定的工资标准是每人每天 350 元，而且每周付一次工资，那么：

① 你认为该怎样确定一个工人每周的工资？

② 一个工人的工资w（单位：元）是他工作天数d的函数吗？

③ 你能仿照问题一中对s与t的对应关系的精确表示，给出这个问题中w与d的对应关系的精确表示吗？

（3）探究问题三：图1-1-1是某市某日的空气质量指数（Air Quality Index，简称AQI）变化图。

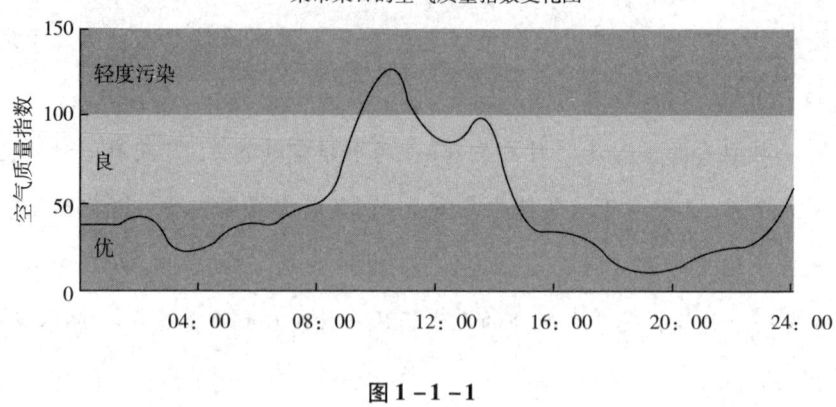

图1-1-1

① 如何根据该图确定这一天内任一时刻 t 的空气质量指数（AQI）的值 I？

② 你认为这里的 I 是 t 的函数吗？如果是，你能仿照前面的方法描述 I 与 t 的对应关系吗？

（4）探究问题四：国际上常用恩格尔系数 $r\left(r=\dfrac{食物支出金额}{总支出金额}\right)$ 反映一个地区人民生活质量的高低，总支出金额恩格尔系数越低，生活质量越高。表1-1-1是我国某省城镇居民恩格尔系数变化情况，从中可以看出，该省城镇居民的生活质量越来越高。

表1-1-1 我国某省城镇居民恩格尔系数变化情况

年份 y（年）	2006	2007	2008	2009	2010	2011	2012	2013	2014	2015
恩格尔系数 r（%）	36.69	36.81	38.17	35.69	35.15	33.53	33.87	29.89	29.35	28.57

① 你认为按表1-1-1给出的对应关系，恩格尔系数 r 是年份 y 的函数吗？为什么？

② 如果是，你能仿照前面的说法给出精确的语言刻画吗？

③ 如果我们引入 $B = \{r | 0 \leq r \leq 1\}$，将对应关系表述为"对于任意一个年份 y，都有 B 中唯一确定的 r 与之对应"，你认为有道理吗？

教师引导学生通过探究上述四个问题得出如下结论：

（1）都包含两个非空数集，用 A，B 来表示；

（2）都有一个对应关系；

（3）尽管对应关系的表示方法不同，但它们都有如下特性：对于数集 A 中的任意一个数 x，按照对应关系，在数集 B 中都有唯一确定的数 y 和它对应。

在上述归纳的基础上，教师讲一步引导：事实上，除解析式、图像、表格外，还有其他表示对应关系的方法。为了表示方便，我们引进符号 f 统一表示对应关系，然后给出函数的一般性定义，并解释函数的记号 $y = f(x)$，$x \in A$。让学生通过归纳四个实例中函数的共同特征，体会数学抽象过程，概括出用集合与对应语言刻画的一般性函数概念。在此过程中，要突破"如何在四个实例基础上让学生进行归纳、概括、抽象出函数概念，并以此培养学生的数学抽象素养"这一难点，突出"在学生初中已有函数认知的基础上，通过实例归纳概括出函数的基本特征（要素），用集合与对应的语言建立函数的概念"这一重点。

（二）在数学探究中增强反思意识，提升学生的逻辑推理与数学运算素养

反思是数学探究性学习过程中的一个重要环节，在开展数学探究性学习时，教师必须重视培养学生的反思意识与反思能力。反思是指自觉地对数学认识活动进行考察、分析、总结、评价、调节的过程，是学生调控学习的基础，是认知过程中强化自我意识、进行自我监控和自我调节的主要形式。荷兰著名数学教育家弗赖登塔尔指出，反思是数学思维活动的核心和动力。教学实践表明教师必须给学生留下反思的时间和空间，引导学生反思能促使他们从新的角度，多层次、多方面地对问题及解决问题的思维过程进行全面的分析与思考，从而深化对问题的理解，揭示问题本质，探索一般规律，进而产生新的发现。通过反思可以贯通新旧知识的联系，促进知识的同化和迁移，提高学习效率；通过反思可以开拓思路，优化解法，完善思维过程；通过反思可以深化对知识的理解，并探究新的发现。反思有利于调动学生学习的积极性和主动性，促使学生的学习活动成为一种有目标、有策略的主动行为，不断地发现问题、提出问题、解决问题，从而培养学生勇于探索、敢于创新的精神。因此，在中学数学解题教学中，进行解题后的反思，是培养学生良好的学习习惯和思维品质的重要途径之一。很多看起来勤奋刻苦的孩子并没有达到预期的效果，究其原因，还是在于这些学生的学习停留在浅层次上，没有深度的思考。

案例2. 一道解三角形周长范围的错题反思

题目：已知锐角 $\triangle ABC$ 的内角 A, B, C 的对边分别为 a, b, c，若 $a=1$，$2\cos C + c = 2b$，求 $\triangle ABC$ 的周长的取值范围。

错解：由余弦定理 $2\cos C = \dfrac{a^2+b^2-c^2}{ab} = 2b-c$ 及 $a=1$ 化简整理得 $1 = b^2 + c^2 - bc$。

而 $b^2 + c^2 - bc = (b+c)^2 - 3bc \geq (b+c)^2 - 3\left(\dfrac{b+c}{2}\right)^2 = \dfrac{(b+c)^2}{4}$，从而 $b+c \leq 2$，从而周长的最大值为 $2+1=3$，又 $b+c > a = 1$，所以 $a+b+c$

>2。所以周长的取值范围为 $(2, 3]$。

错解分析：本题的错解主要是没有看清题目中的"锐角 $\triangle ABC$"条件，周长的最大值是没有问题的，主要是周长范围的左边出现错误。

正确解答：由 $a=1$，$2\cos C + c = 2b$ 及正弦定理得 $2\sin A\cos C + \sin C = 2\sin B$。

将 $\sin B = \sin(A+C) = \sin A\cos C + \cos A\sin C$ 代入得 $\sin C = 2\cos A \sin C$，即 $\cos A = \dfrac{1}{2}$，由 $A \in (0, \pi)$，所以 $A = \dfrac{\pi}{3}$。再由正弦定理得 $\dfrac{b}{\sin B} = \dfrac{c}{\sin C} = \dfrac{a}{\sin A} = \dfrac{2}{\sqrt{3}}$，$l_{\triangle ABC} = \dfrac{2}{\sqrt{3}}(\sin B + \sin C) + 1$，将 $C = \dfrac{2}{3}\pi - B$ 代入化简得 $l_{\triangle ABC} = 2\sin\left(B + \dfrac{\pi}{6}\right) + 1$，又 $\triangle ABC$ 为锐角三角形，得 $\dfrac{\pi}{6} < B < \dfrac{\pi}{2}$，所以 $l_{\triangle ABC} \in (\sqrt{3}+1, 3]$。

反思：解三角形本质上是在三角形内蕴的方程（三角形的正弦定理、余弦定理、三角形内角和定理等）的基础上，通过题目设定的条件建立方程，从而得到三角形的全部或部分度量关系。当题目条件能得到部分度量关系时就可以研究最值和范围问题，解决这类问题需要具备三角形的基本定理和基础知识，还要结合函数和基本不等式等相关内容。此外，在解三角形中还体现了向量的工具性作用，也是向量学习的延续。同时还可以将平面几何坐标化，用解析法研究三角形。正是因为三角形具有"形"的直观，还具有边长、角、坐标等"数"的运算，成为考查解三角形、函数与方程、各种综合知识的良好载体。在解三角形中引入最值范围，更体现了函数与方程思想巧妙的融合。同时，研究三角函数最值范围能够提升学生逻辑推理素养、数学运算素养。

（三）在数学探究中学会运用数学表达，提升学生的数学建模与数据分析素养

《普通高中数学课程标准（2017年版）》中指出，数学探究活动是围绕某个具体的数学问题，开展自主探究、合作研究并最终解决问题的过程。具体表现为：发现和提出有意义的数学问题，猜测合理的数学结论，提出解决问题的思路和方案，通过自主探索、合作研究论证数学结论。数学探究活动是运用数学知识解决数学问题的一类综合实践活动，也是高中阶段数学课程的重要内容。数学探究是高中数学课程引入的一种新的学习方式，有助于培养学生勇于质疑和善于反思的习惯，培养学生发现、提出、解决数学问题的能力；有助于发展学生的创新意识和实践能力，可以培养学生观察、分析和想象能力。作为数学探究或者说数学研究性学习的成果需要用数学写作来表达，这样才能展示研究过程、便于讨论交流、扩大活动效果，从而产生积极影响。

案例3. 高度的测量问题

本题是必修二中有关高度的测量问题。某建筑物示意图如图 1-1-2 所示，已知 AB 是底部 B 不可到达的一座建筑物，A 为建筑物的最高点。设计一种测量建筑物高度 AB 的方法，并求出建筑物的高度。

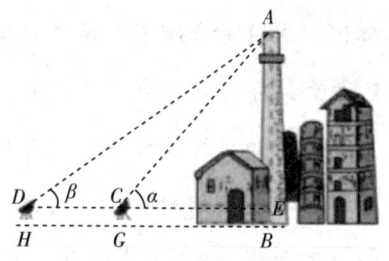

图 1-1-2

分析：由锐角三角函数知识可知，只要获得点 C（点 C 到地面的距离可求）到建筑物的顶部 A 的距离 CA，并测出由点 C 观察 A 的仰角，就可以计算出建筑物的高度。为此，应再选取一点 D，构造另一个含有 CA 的 $\triangle ACD$，并进行相关的长度和角度的测量，然后通过解三角形的方法计算出 CA。

解：如图 1-1-2，选择一条水平基线 HG，使 H，G，B 三点在同一条直线上。在 G，H 两点用测角仪器测得 A 的仰角分别是 α，β，$CD = a$，测角仪器的高是 h，那么，在 $\triangle ACD$ 中，由正弦定理，得 $AC = \dfrac{a\sin\beta}{\sin(\alpha-\beta)}$。所以，这座建筑物的高度为 $AB = AE + h = AC\sin\alpha + h = \dfrac{a\sin\alpha\sin\beta}{\sin(\alpha-\beta)} + h$。

通过对上述例题的探究思考，利用解三角形的知识对问题求解大大提升学生的动手能力和解决实际问题的能力，同时也提升了学生数学建模、数据分析的素养。

数学建模的探究学习是一个综合性问题，它源于学生有一定认知基础的现实问题，需要以数学、智能计算技术、跨学科知识从微观性质上揭示客观现象的本质，并主动实现模型的解释与预测功能。只有实现数学建模各个环节的"全过程"教学，才能保证建模教学发展"四能"（发现、提出、分析、解决问题的能力）达到"三会"（会用数学眼光观察世界、会用数学思维思考世界、会用数学语言表达世界）的育人价值，才能在各个阶段实现核心素养的整体培养，才能完成数学、智能技术、跨学科能力的综合提升，逐步达到现代社会发展所必需的能力要求。数学建模需要多考虑现实生活情境，进行合理取舍、抽象建模。这无疑会拨动学生的心扉，领会数学的应用价值和学以致用的成就感。

（四）结合学生个性兴趣指导学生开展探究性学习活动，培养学生的人文与科学素养

兴趣是最好的老师。在学习过程中，要引导学生接近和深挖事物的本质及因果联系的实质，这一过程本身就是兴趣的主要源泉。有些学生爱好数学探究，那么作为老师就要指导他开展数学探究，选择一些难度适宜的问题供学生思考，获得有价值的结论，提升其数学水平与数学核心素养。

注意到平时不少同学有奇思妙想，但是要他写下来，可能有些困难，这就需要老师的悉心的指导。例如，高一某同学对老师布置的一道解三角形的作业题很感兴趣，提出的不少解决问题的思考，老师就鼓励他进行一题多解的探究，成果如下。

案例4. 2019年全国一卷理科17题的多种解法与反思

$\triangle ABC$ 的内角 A，B，C 的对边分别为 a，b，c。设 $(\sin B - \sin C)^2 = \sin^2 A - \sin B \sin C$。

（1）求 A。

（2）若 $\sqrt{2}a + b = 2c$，求 $\sin C$。

题（1）解法：

由 $(\sin B - \sin C)^2 = \sin^2 A - \sin B \sin C$ 及正弦定理可得 $(b-c)^2 = a^2 - bc$，即 $b^2 + c^2 - a^2 = bc$，由余弦定理得 $\cos A = \dfrac{b^2 + c^2 - a^2}{2bc} = \dfrac{1}{2}$，因为 $A \in (0, \pi)$，所以 $A = \dfrac{\pi}{3}$。

题（2）解法：

解法1：

由（1）得 $A = \dfrac{\pi}{3}$，故 $B = \dfrac{2}{3}\pi - C$。

又由 $\sqrt{2}a + b = 2c$ 及正弦定理得 $\sqrt{2}\sin A + \sin B = 2\sin C$，

即 $\dfrac{\sqrt{6}}{2} + \sin\left(\dfrac{2}{3}\pi - C\right) = 2\sin C$，化简可得 $\cos\left(C + \dfrac{\pi}{3}\right) = -\dfrac{\sqrt{2}}{2}$。

因 $0 < C < \dfrac{2}{3}\pi$，得 $\sin\left(C + \dfrac{\pi}{3}\right) = \dfrac{\sqrt{2}}{2}$。

所以 $\sin C = \sin\left(C + \dfrac{\pi}{3} - \dfrac{\pi}{3}\right) = \sin\left(C + \dfrac{\pi}{3}\right)\cos\dfrac{\pi}{3} - \cos\left(C + \dfrac{\pi}{3}\right)\sin\dfrac{\pi}{3}$

$= \dfrac{\sqrt{2}}{2} \times \dfrac{1}{2} - \left(-\dfrac{\sqrt{2}}{2}\right) \times \dfrac{\sqrt{3}}{2} = \dfrac{\sqrt{2} + \sqrt{6}}{4}$。

解法2：

由 $\sqrt{2}a + b = 2c$ 及正弦定理得 $\sqrt{2}\sin A + \sin B = 2\sin C$。

又由 $\sin C = \sin(A + B)$ 得 $\sqrt{2}\sin A + \sin B = 2\sin(A+B) = 2\sin A\cos B + 2\cos A\sin B$，

化简得 $\cos B = \dfrac{\sqrt{2}}{2}$，进而可知 $\sin B = \dfrac{\sqrt{2}}{2}$。

所以 $\sin C = \sin(A + B) = \sin A\cos B + \cos A\sin B = \dfrac{\sqrt{3}}{2} \times \dfrac{\sqrt{2}}{2} + \dfrac{\sqrt{2}}{2} \times \dfrac{1}{2}$

$= \dfrac{\sqrt{6} + \sqrt{2}}{4}$。

解法3：

由（1）得 $A = \dfrac{\pi}{3}$，故 $B = \dfrac{2}{3}\pi - C$。

又由 $\sqrt{2}a + b = 2c$ 及正弦定理得 $\sqrt{2}\sin A + \sin B = 2\sin C$。

即 $\frac{\sqrt{6}}{2} + \sin\left(\frac{2}{3}\pi - C\right) = 2\sin C$，化简可得 $\frac{\sqrt{6}}{2} + \frac{\sqrt{3}}{2}\cos C - \frac{3}{2}\sin C = 0$，

进而有 $\left(\frac{\sqrt{6}}{2} - \frac{3}{2}\sin C\right)^2 = \left(-\frac{\sqrt{3}}{2}\cos C\right)^2 = 1 - \frac{1}{4}\sin^2 C$，

化简得 $4\sin^2 C - 2\sqrt{6}\sin C + 1 = 0$，解得 $\sin C = \frac{\sqrt{6}+\sqrt{2}}{4}$ 或 $\sin C = \frac{\sqrt{6}-\sqrt{2}}{4}$。

又由 $\sqrt{2}\sin A + \sin B = 2\sin C$ 得 $2\sin C > \sqrt{2}\sin A$ 即 $\sin C > \frac{\sqrt{6}}{4}$，

所以 $\sin C = \frac{\sqrt{6}+\sqrt{2}}{4}$。

解法 4：

由余弦定理得 $\cos A = \frac{b^2 + c^2 - a^2}{2bc}$，故有 $b^2 + c^2 - a^2 = bc$ ①。

又因为 $\sqrt{2}a + b = 2c$ ②，即 $b = 2c - \sqrt{2}a$，代入由①消去 b，可得

$3c^2 - 3\sqrt{2}ac + a^2 = 0$，解得 $c = \frac{\sqrt{6}+3\sqrt{2}}{6}a$。

再由正弦定理得 $\sin C = \frac{\sqrt{6}+3\sqrt{2}}{6}\sin A = \frac{\sqrt{6}+3\sqrt{2}}{6} \times \frac{\sqrt{3}}{2} = \frac{\sqrt{2}+\sqrt{6}}{4}$。

解题反思：老师常说在高考中能否快速地解答问题在于对问题解法的熟练程度和对于方法的恰当选择。比如通过四种解法比较就会发现，如果第（2）问的问题更改为求角 C 的值，这个时候解法 1 和解法 2 就会显得更为恰当一些。解法 1 主要是辅助角公式的运用，将问题转化为三角函数式求值中的给值与求值问题，解题的关键在于"变角"，如 $\alpha = \alpha + \beta - \beta$，$2\alpha = \alpha + \beta + \alpha - \beta$ 等，把待求三角函数值的角用含已知角的式子表示，求解时要注意角的范围的讨论。这种方法在教师讲解三角恒等变

换时经常讲。例如，已知 $\sin\left(\alpha+\dfrac{\pi}{6}\right)+\cos\alpha=-\dfrac{\sqrt{3}}{3}$，则 $\cos\left(\dfrac{\pi}{6}-\alpha\right)=$ _____。这种题型的解法就是利用解法1来处理的。解法2体现的是间接求解，通过对 $\sqrt{2}\sin A+\sin B=2\sin C$ 的化简发现可以较快地求解得 $\cos B=\dfrac{\sqrt{2}}{2}$，从而 $\sin C$ 的值也就好求了。翻开资料发现，这种题型也是经常存在的。例如在 $\triangle ABC$ 中，$\angle A=60°$，$c=\dfrac{3}{7}a$，求 $\sin B$ 的值。此题较易求得 $\sin C$ 及 $\cos C$，再利用 $\sin B=\sin(A+C)$ 即可求解 $\sin B$ 的值。解法3则是利用平方转化为求一元二次方程的问题，该解法在2017年全国Ⅱ卷理科17题也考过，题目如下：$\triangle ABC$ 的内角 A，B，C 的对边分别为 a，b，c。已知 $\sin(A+C)=8\sin^{2}\dfrac{B}{2}$，求 $\cos B$。解法4则在于寻找边与边之间的关系，通过方程组求得 $c=\dfrac{\sqrt{6}+3\sqrt{2}}{6}a$ 是关键，这种求解的思路在许多模拟题、高考题中也是有的。例如 $\triangle ABC$ 的内角 A，B，C 的对边分别为 a，b，c。若 $b+c=2a$ 且 $3\sin A=5\sin B$，则角 $C=$ _____。通过以上分析，作为学生在平时解题中应该重视老师所讲解的每一种方法，只有熟练掌握各种方法才能在考试中运用自如。另外就是要重视高考真题所考查的解题方法和处理问题的思想，只有不停地积累与总结才能将书越读越薄。

  这位同学通过深入地思考，对这道题进行了方法迁移，当他在班里讲解自己探究的结果时，获得满满的成就感。他现在尽管还是高一学生，但是在数学思考方面投入了很大的精力，已经取得较为显著的成果，班级将他作为优秀生宣传的典型人物推出。我想这些探究性学习点燃了他思维的火花，也为他播下了日后从事科学研究的种子。

探究性学习体现了观察数学现象、提出数学问题、探究思考问题、找到数学方法、解决数学问题、反思拓展问题、表达成果观点的初步数学研究过程。从学生的成果内容可以看出，探究性学习比单纯的数学解题，可以更好地培养数学抽象、逻辑推理、数学建模、数据分析等数学素养，以及发现问题、提出问题的探究创新能力，培育服务社会、探求真善美的美好情感和正确的价值观。

参考文献

［1］中华人民共和国教育部．普通高中数学课程标准（2017年版）［S］．北京：人民教育出版社，2017.

［2］D希尔伯特，S康福森著，王联芳译．直观几何［M］．北京：人民教育出版社，1959.

第二节 如何开展探究性学习

　　中学数学探究性学习的过程是一个解决数学问题的过程，对于问题解决的过程，不同的研究者提出了不同的看法。教育心理学家奥苏贝尔以几何问题为原型，提出了一个问题解决的模式，他认为这个模式包括四个阶段，即呈现问题情境、明确问题的目标和已知条件、填补已知条件与目标之间的空隙、验证。从这几个阶段看，可以概括为提出问题、分析问题、试图解决问题、验证四个方面。杜威提出问题解决的思维过程包括问题情境的呈现、提出问题、形成假设、收集资料验证假设、把验证的假设应用到问题情境中。从上面学者的研究看，问题解决主要包括提出问题、探索问题这两个主要的阶段，结合中学数学探究性学习倡导学生合作与交流的理念和学习完成后结题的需要，可以把探究性学习的完整过程定位为提出问题、收集有用的问题资料、探究求解问题、结题四个阶段。在实际教学中，探究性学习的过程不一定很完整，有的探究性学习只有探究过程，没有必要进行交流；有的探究性学习的主题是既定的；还有的探究性学习总结过程可以简略。当前探究性学习的研究者把过程不完全的探究性学习称之为部分探究性学习，而把过程完整的探究称之为"完全探究性学习"。"完全探究性学习"的形式是最为典型的形式，它包括了其他形式的探究性学习的一般阶段。因此，为了全面深入地探讨探究性学习的过程，这里就以"完全探究性学习"来进行探讨。中学数学"完全探究性学习"一般可分四个阶段选题阶段、探索阶段、表达交流阶段、结题阶段。在学习进行的过程中这四个阶段并不是截然分开的，而是相互交叉和交互推进的。

一、提出问题阶段

爱因斯坦认为"提出一个问题往往比解决一个问题更重要，因为解决问题也许仅是一个数学上或技能上的实验而已。而提出新的问题，新的可能性，从新的角度去看旧的问题，却需要有创造性的想象力，而且标志着科学的真正进步。"因此，提出问题是展开探究性学习首要的阶段，本阶段要求师生共同创设一定的问题情境，一般可以开设讲座、组织参观访问等。目的在于做好背景知识的铺垫，调动学生原有的知识和经验，调动学生的学习热情。然后经过讨论，提出核心问题，诱发学生的探究动机。在此基础上确定研究范围或研究题目，同时，教师应帮助学生通过搜集相关资料，了解与研究题目相关的知识、信息，以及该题目中隐含的争议性的问题，使学生从多个角度认识问题、分析问题。学生可以建立研究小组，共同讨论和确定具体的研究方案，包括确定合适的研究方法、如何收集可能获得的信息、准备调查研究所要求的技能、可能采取的行动和可能得到的结果。在此过程中，学生要反思所确定的研究问题是否合适，是否需要改变问题。

（一）在中学数学探究性学习中提出问题应遵循的原则

1. 问题性

问题是中学数学探究性学习活动的起点，没有问题，就无所谓探究。数学探究性学习过程就是在问题情景中发现数学问题，并设置方案解决问题的过程。所以，在提出问题时必须首先体现问题性，以问题为中心组织学生的探究活动。这些问题可以由老师提供，也可以完全由学生自主选择和确定；可以是课堂教材的拓展，也可以是来自课外的自然或社会问题；可以是单科的，也可以是跨学科的；可以是已经证明的结论，也可以是未知的领域。由于数学探究性学习的问题领域广阔，因此选题的空间是相当开放的。

2. 价值性

提出的探究课题应具有一定的研究价值或实际意义，能回答或解释某种现象或问题，对提高学生的自主学习能力、创造性思维能力和实践能力有一定的价值。

3. 现实性

数学探究性学习提出的问题要有现实性，主要包含这样几层意思：所提出的问题贴近学生自己的日常生活或学校的教学内容；提出的问题应与学生自己现有的认知发展水平、研究能力等相适应，这种适应是指学生通过努力能够解决的；提出的问题应该能够引起参与该课题探究的全体学生的积极性，使得参与的学生都有思考的空间、所提出的问题应与现有的资源相适应，这种资源主要是指学校文献资源、设备以及当地社会资源，同时，还要考虑指导老师是否能胜任。

（二）中学数学探究性学习的提出问题的策略

1. 从教材中提出问题

在 2019 版的高中数学教材中，几乎每一章节后都安排了阅读材料或实习作业或研究性课题，其中阅读材料往往是对本章知识的产生和发展做简要的介绍，可以要求学生通过网络、图书馆、专家访谈等方式，收集资料，做出一个详细的报告实习作业。教材往往提供了一种思路，要求学生根据这个思路，自己提出一个问题，设计解决方案，通过调查收集数据，分析解决问题给出研究内容，要求学生展开研究并得出结论。

这些都是开展探究性学习很好的内容。

2. 从教材内容的拓宽、引申中提出问题

由于上课时长等方面的限制，教材中的很多延伸的内容不可能充分地展开，这些延伸的内容中很多是进行探究性学习的好素材。北大附中张思明老师有关多边形"重心问题"的一节课就是很好的一个案例。在学生学习完三角形重心坐标公式后，请同学猜想有关结论，很多同学猜想平面多边形的重心横纵坐标分别是各顶点横纵坐标的算术平均数。对这一错误的结论，教师并不轻易下结论，而是让学生继续探究活动，查阅相关的资料，在学生提出一个个反例后，引导学生思考多边形进行分割的方式对重心的计算有什么意义，进一步引导学生考虑到重心的物理意义和物理知识，去寻找确定重心的更一般、更简捷的算法。

3. 从习题中确定主题

探究性学习的一个显著特征就是开放性，数学习题中有一部分是开放性问题，也就是答案不固定或者条件不固定的问题。开放性问题具有发散性，学生可以在不同的经验和能力水平上，提出自己的思路和方法，进而培养创新精神和创造能力。开放性问题与探究性学习的特征相吻合，因此，开放性问题是探究性学习的重要内容。

4. 从数学知识的应用中提出问题

中学数学新课程标准强调要增强用数学的意识，学会分析问题和创造性地解决问题，使中学数学探究性学习成为再创造、再发现的过程。因此，从日常生活和生产中，学生选择适合自己研究的实际问题作为探究性学习的课题，应该是探究性学习的重要方面。在数学应用中提出问题进行探究性学习，为培养创新意识和能力提供了有效途径。如某些学校开展的，银行存款利息和利税的调查，有关房子粉刷的教学问题，中国体育彩票中的数学问题等课题都是学生从数学在日常生活中的应用中提出的问题。

5. 在跨学科领域中提出问题

探究性学习内容的选择，既可以是数学学科的内容，也可以是跨学科的内容，如数学教材"平面向量"一章后面给出的探究性课题是"向量在物理学中的应用"。即把物理量之间的关系抽象成为数学问题，然后再用数学知识进行研究以解释物理现象。

二、探索阶段

要经历两个阶段建立假设，验证假设。在建立假设阶段，学生通过数学问题形成的背景和过程进行探索，以个人或小组的形式提出假设。在验证假设阶段，学生根据自己的知识，通过收集数据资料、整理数据资料，运用类比、关联、归纳等等数学方法进行独立自主的探索，形成自己的数学论证过程，并检验数学假设是否成立。

（一）探究性学习探索阶段遵循的原则

1. 自主探究的原则

每个学生根据自己的体验，用自己的思维方式自由地、开放地去探究、去发现、去再创造与之有关的数学问题。

2. 合作交流的原则

探究性学习要求学生有一定的合作意识与用数学语言交流的能力，同时也有利于学生合作与交流能力的发展。

3. 实践运用的原则

学生学到必要的数学知识的同时，还要领悟数学思维与方法，形成数学意识与观念，具备数学地分析问题与解决问题的研究能力，这些素养是学生受用终身的。

（二）探索阶段教师的指导作用

这一阶段教师的主要工作是围绕学生的数学探究活动展开，一般教师要做这几方面的工作：

（1）在探究性学习活动中，教师应针对班级中不同水平层次的学生群体，使每个学生能有机会表达与自身水平相适应的见解。

（2）要引导学生自己提出假设，或在教师的引导点拨下提出假设。

（3）学生探究中遇到困难时，不能直接告诉学生结论，而应该在充分了解学生的数学思路、探究现状的基础上，通过补充相关背景知识，提供必要的数学方法，创设情景，促使学生有所领悟。

（4）做好组织协调工作，帮助他们形成探究的合力，使之在探究的过程中有分工也有合作。做好与家长和社会的沟通工作，以争取最大的支持，开发校内外的教学资源，为学生的探究活动提供良好的外部环境和有利条件。

（5）了解学生探究活动的进展情况并如实记录（这将是在评价中教师对学生学习过程评价的依据），有针对性地点拨、提醒、督促。

三、表达和交流阶段

美国哲学家约翰·密尔说过"天才只能在自由的空气里自由自在地呼吸，交流是创造的'助产婆'。"学生通过交流、研讨与同学们分享成果，这是探究性学习不可缺少的环节。在交流、研讨中，学生要学会欣赏和发现他人的优点，学会理解和宽容，学会客观地分析和辩证地思考，培养敢于申辩的品质。

在交流过程中，教师要创设教学情境，启发学生整合数学知识，反思数学探究过程和方法，变换问题的思考角度和方式，将结论迁移运用于不同的场合，增强思维的发散与集中，以达到完全意义的知识建构。

要鼓励学生发表自己的见解，敢于修正错误，形成气氛活跃、开放、民主的师生与生生间多向知识信息传递和交换的"立体式""变动式"的教学格局。

在反思交流阶段，教师还要鼓励学生对课题提出自己的见解，指导学生调节研究的方向与方法，引导学生鉴赏和学习别人的方法和思想，从而达到相互启发相互学习的目的。

四、结题阶段

在这一阶段，学生要将取得的收获进行归纳整理、总结提炼，形成书面材料和口头报告材料。结题阶段采用的方式要提倡多样化，除了按一定要求撰写实验报告、调查报告，还可以采取开辩论会、研讨会、出墙报、编刊物包括电子刊物等方式，同时，还应要求学生以口头报告的方式向全班汇报，或通过指导老师主持的答辩。

在结题阶段，教师的作用是指导学生用科学的术语写出课题报告，引导学生对课题研究中所得出的结果进行检查、评价、论证以及在方法上的升华，提出新的问题，对于没有完善的问题，在鼓励的同时还要给予具体方法或研究方向上的指导。

第三节　探究性学习与高中数学教学

一、选择恰当内容进行数学探究性学习

开展探究性学习，首要问题是学习内容的选择，内容选得是否恰当，将直接影响到探究性学习的实施，影响到数学创新精神和创造能力的培养。在开展探究性学习时，学习内容的设计可从如下几方面考虑。

（一）从拓宽知识面出发选择内容进行探究性学习

由于教学大纲、教材内容等方面的限制，教材中的很多内容不可能过分地展开和延伸，而这些延伸的内容是进行探究性学习的好素材。例如，数列一章中对等差等比数列的相关知识有明确要求，而对递推数列的相关知识并没有明确的要求，对此问题进行探究性学习不仅可以巩固等差等比数列的相关知识，更能学会变换、转化等思想方法，培养创新思维和能力。以下将通过具体案例展示如何从拓宽知识面出发选择内容进行探究性学习。

案例1. 用向量法研究三角形的性质

新教材必修第二册人教 A 版 p63 页，提出了用向量法研究三角形的性质，我们可以引导学生分组探究"三角形三条中线共点"的性质。

小组主要成果：

设 D，E，F 分别为三角形三边 BC，AC，AB 的中点，

且 BE 与 CF 交于一点 O。

设 $\overrightarrow{AB} = \vec{a}$，$\overrightarrow{AC} = \vec{b}$，则 $\overrightarrow{AD} = \dfrac{1}{2}(\vec{a} + \vec{b})$。

∵ $\overrightarrow{CO}$ 与 $\overrightarrow{CF}$ 共线，$\overrightarrow{BO}$ 与 $\overrightarrow{BE}$ 共线，

∴ 设 $\overrightarrow{CO} = \lambda \overrightarrow{CF} = \lambda (\overrightarrow{AF} - \overrightarrow{AC}) = \lambda \left(\dfrac{1}{2}\vec{a} - \vec{b} \right)$，

$\overrightarrow{BO} = \mu \overrightarrow{BE} = \mu (\overrightarrow{AE} - \overrightarrow{AB}) = \mu \left(\dfrac{1}{2}\vec{b} - \vec{a} \right)$，

则 $\overrightarrow{AO} = \overrightarrow{AC} + \overrightarrow{CO} = \dfrac{1}{2}\lambda \vec{a} + (1 - \lambda)\vec{b}$。

又 $\overrightarrow{AO} = \overrightarrow{AB} + \overrightarrow{BO} = (1 - \mu)\vec{a} + \dfrac{1}{2}\mu \vec{b}$，

由以上两式联立解得 $\lambda = \mu = \dfrac{2}{3}$。

∴ $\overrightarrow{AO} = \dfrac{1}{3}(\vec{a} + \vec{b})$，即 $\overrightarrow{AO} = \dfrac{3}{2}\overrightarrow{AD}$。∴ $\overrightarrow{AO}$ 与 $\overrightarrow{AD}$ 共线，即 AD 过点 O，

从而三条中线共点。

三角形是几何中最简单也是最重要的几何图形，是联系各种几何图形的纽带，通过向量法可以证明平面几何中已学的三角形性质，并发现和证明三角形的其他性质，从而体验向量法在探索和证明几何图形性质中的作用。通过逻辑推理发现和提出命题，探索论证过程，提升数学抽象、逻辑推理、数学运算和直观想象等素养，发展学生的自主学习能力，提高发现和提出问题的能力，树立善于思考、严谨求实的科学精神，提升创新意识。

（二）从教材的习题中选择内容进行探究性学习

探究性学习的一个显著特征就是开放性，开放性问题与探究性学习

的特征相吻合，因此，开放性问题是探究性学习的重要内容，对教材中一些固定性问题也可以改造成开放性问题进行探究性学习。

案例2. 旋转与体积

题目：分别以一个直角三角形的斜边、两条直角边所在直线为轴，其余各边旋转一周形成的曲面围成三个几何体，这三个几何体的体积之间有什么关系？

小组探究主要成果：

Rt△ABC的两条直角边分别为a，b，斜边为c，依照题意，先求三个几何体的体积。

以a为轴，进行旋转，形成底面半径为b，高为a的圆锥，其体积$V_1 = \frac{1}{3} \times \pi \times b^2 \times a = \frac{\pi}{3}ab^2$；

以b为轴进行旋转，形成底面半径为a，高为b的圆锥，其体积$V_2 = \frac{1}{3} \times \pi \times a^2 \times b = \frac{\pi}{3}a^2b$；

以c为轴进行旋转，形成底面半径为$\frac{ab}{c}$，高的和为c的两个圆锥的组合体，其体积$V_3 = \frac{1}{3} \times \pi \times \left(\frac{ab}{c}\right)^2 \times c = \frac{\pi a^2 b^2}{3c}$。

$\because \frac{1}{\left(\frac{\pi}{3}ab^2\right)^2} + \frac{1}{\left(\frac{\pi}{3}a^2b\right)^2} = \frac{9}{\pi^2 a^2 b^4} + \frac{9}{\pi^2 a^4 b^2} = \frac{9(b^2+a^2)}{\pi^2 a^4 b^4} = \frac{9c^2}{\pi^2 a^4 b^4}$，

$\therefore \frac{1}{V_1^2} + \frac{1}{V_2^2} = \frac{1}{V_3^2}$

对教材中有趣的问题的探究比单纯的数学解题更能提升学生的学习兴趣，可以更好地培养学生数学抽象、逻辑推理、数学建模、数据分析等数学素养，以及发现问题、提出问题的探究创新能力和正确的科学发展观。

（三）以数学史为依托，引导学生探究有历史背景的数学问题

教师在进行教学时，要根据教材，选择合适的内容，补充数学史的相关内容，让学生领悟数学家们为寻求数学真理而坚持不懈的精神，提升学生学习数学的兴趣，增强他们学好数学的信心。比如在等差数列的前 n 项和公式中，就可以用三角形数来设计问题情境，三角形数实质上就是对最简单的等差数列的前几项进行求和，从新的角度来引出等差数列的求和公式，补充数学史的同时激发学生学习的兴趣。在阅读材料斐波那契数列的介绍中，可以详细了解斐波那契数列的产生过程，以及数学家们对斐波那契数列所进行的研究，使学生充分理解斐波那契数列的本质和内涵，为后面探究它的性质打下坚实的基础。丰富的数学史资料可以使学生对所学知识的来龙去脉有充分的了解，激发学生学习的积极性，发挥数学文化的育人功能，促使学生创新意识的初步形成。例如，在学习数列整章节后，我们可以设计如下表格（见表 1－3－1）给学生进行探究，提升学习研究数学的能力。

表 1－3－1

一、研究性学习小组成员及简介
二、发现的数学结论及发现过程概述

续 表

三、证明的思路及其形成过程
四、结论的证明或否定
五、研究斐波那契数列有关的问题及方法
六、收获与体会

（四）通过一题多解与一题多变引导学生探究学习，提升思维与素养

"一题多解"主要指根据实际情况，从不同角度启发引导学生探究思考得到新的解题思路和解题方法，找到解与解之间的内在联系，选出最佳解题方案，从而训练思维的灵活性。"一题多变"是解题教学中常用的一种教学手段，它是在掌握例题典型性的基础上，充分发挥例题的可变性，通过条件的变化和问题的改换，使知识向纵向和横向延伸，它不仅可以沟通知识的内在联系，还可以使基本题向深度和广度发展，有利于学生思维灵活性的培养。在课堂教学中，通过设计一些一题多解的练习题，以巩固知识，增强解题能力。通过多角度、多方面的变化问题，提高学生分析问题、灵活运用已有知识的能力。例如在高三复习数列专题时，我设计了如下探究主题，并收到了较好的教学效果。

案例3. 数列专题

一、一题多解探究与分享

数列 $\{a_n\}$ 中，已知 $a_1=1$ 且 $a_{n+1}=2a_n+1$，求数列 $\{a_n\}$ 的通项公式。

二、各小组解法汇总

解法1：

设 $a_{n+1}+\lambda=2(a_n+\lambda)$，化简得 $a_{n+1}=2a_n+\lambda$，

与 $a_{n+1}=2a_n+1$ 比较系数可知 $\lambda=1$，所以 $a_{n+1}+1=2(a_n+1)$。

故数列 $\{a_n+1\}$ 是首项为2，公比为2的等比数列，

所以 $a_n+1=2\cdot 2^{n-1}=2^n$，所以 $a_n=2^n-1$。

解法2：

因为 $a_{n+1}=2a_n+1$ ①，所以 $a_{n+2}=2a_{n+1}+1$ ②，②-①得 $a_{n+2}-a_{n+1}=2(a_{n+1}-a_n)$

又 $a_2-a_1=2$，所以数列 $\{a_{n+1}-a_n\}$ 是首项为2，公比为2的等比数列

所以 $a_n=a_1+(a_2-a_1)+(a_3-a_2)+\cdots+(a_n-a_{n-1})=1+2+2^2+\cdots+2^{n-1}=2^n-1$。

解法3：

由 $a_{n+1}=2a_n+1$ 可得 $a_n=2a_{n-1}+1$，

所以 $a_n=2a_{n-1}+1=2^2a_{n-2}+2+1=2^3a_{n-3}+2^2+2+1=\cdots=2^{n-1}a_1+2^{n-2}+\cdots+2+1=2^n-1$。

解法4：

因为 $a_{n+1}=2a_n+1$，所以 $\dfrac{a_{n+1}}{2^{n+1}}=\dfrac{a_n}{2^n}+\dfrac{1}{2^{n+1}}$，故有 $\dfrac{a_n}{2^n}=\dfrac{a_{n-1}}{2^{n-1}}+\dfrac{1}{2^n}$。

所以 $\dfrac{a_n}{2^n} = \dfrac{a_1}{2} + \left(\dfrac{a_2}{2^2} - \dfrac{a_1}{2}\right) + \cdots + \left(\dfrac{a_n}{2^n} - \dfrac{a_{n-1}}{2^{n-1}}\right) = \dfrac{1}{2} + \dfrac{1}{2^2} + \cdots + \dfrac{1}{2^n} = 1 - \dfrac{1}{2^n}$，

所以 $a_n = 2^n - 1$。

解法 5：

由已知 $a_1 = 1$ 且 $a_{n+1} = 2a_n + 1$ 可得 $n = 1$ 时，$a_2 = 3 = 2^2 - 1$，

$n = 2$ 时，$a_3 = 7 = 2^3 - 1$。

由此，我们猜想，当 $n \in N^*$ 时，$a_n = 2^n - 1$。

下面用数学归纳法证明这个猜想。

当 $n = 1$ 时，$a_1 = 1 = 2^1 - 1$，猜想成立。

假设当 $n = k$ 时，$a_k = 2^k - 1$ 成立，

那么，$a_{k+1} = 2a_k + 1 = 2(2^k - 1) + 1 = 2^{k+1} - 1$。

即当 $n = k + 1$ 时，猜想也成立。

点评：求数列通项公式的方法很多，只有在平时的学习与探究过程不断地体会与总结，将知识与方法学活，才能做到游刃有余。以上所总结的各类解题方法的过程实质上就是"转化"的过程，因此，"转化与化归"是数学中的重要思想方法之一，也是解决实际问题的一种策略和指导思想。任何复杂数学问题的解决都是通过将未知问题转化为已知问题而实现的。解题的过程实际上就是一步一步转化的过程。

三、变式探究

变式1：数列 $\{a_n\}$ 中，已知 $a_1 = 1$ 且 $a_{n+1} = 2a_n + n$，求数列 $\{a_n\}$ 的通项公式。

变式2：数列 $\{a_n\}$ 中，已知 $a_1 = 1$ 且 $a_{n+1} = 2a_n + 3^n$，求数列 $\{a_n\}$ 的通项公式。

变式3：数列 $\{a_n\}$ 中，已知 $a_1 = \frac{1}{2}$ 且 $a_{n+1} = \frac{1}{2-a_n}$，求数列 $\{a_n\}$ 的通项公式。

（五）结合生活实际，提出与实际生活相关的探究性问题，发展学生的数学建模素养

现实世界中的问题关系复杂、盘根错节，数学的抽象性可以大大简化现实世界的关系，简化现实问题的条件，将现实问题数学化并抽象出若干重要变量进行拟合，借助函数模型、概率模型、方程模型、不等式模型及向量模型等来解释问题，然后回观现实世界进行验证，从而体会到数学知识的应用价值。与生活实际相关的探究性问题最好是来自学生身边的生活、学习中的现实问题，具有真实性，有解决的必要性和可行性。这些问题可以是学生本来就有研究欲望的跨学科学习问题，如高中生物《生物与环境》中的"种群数量变化研究"就涉及用什么函数反映不同环境下的酵母菌增长模型；也可以是学生见多不怪、熟视无睹，但仍有进一步"揭秘"需要的生活问题，如"雨中行""商品打折"等问题。选择的问题在真实的基础上，贴近学生的生活经验和认知能力，"熟悉（情境）"中透着"陌生（思想）"，能激起学生的好奇心，激发学生的探究欲望。问题的情境是开放式的描述，可以不带问题，或者不带明确的问题，让学生去寻找感兴趣的问题和分析问题的影响要素，引导学生多视角提出问题，如，"雨中行"问题中的淋雨量是怎么测量的？风向、风速、人跑动的速度对淋雨量的影响如何？如何打伞才能使挡雨效果最佳？开放性提问能体现现实问题的复杂性，既能帮助学生提出更为全面、更有价值的问题，也能培养学生的发散式思维，提高学生的创新能力。我们可以通过如下简单的生活模型来提升学生应用数学的兴趣与能力，从而提升数学素养。

案例 4. 流行性感冒问题

流行性感冒（简称流感）是由流感病毒引起的急性呼吸道传染病。据有关资料统计，11 月 1 日，某市新的流感病毒感染者有 20 人，此后，每天的新感染者平均比前一天的新感染者增加 50 人，由于该市的医疗部门采取措施，该种病毒的传播得到控制。从某一天起，每天的新感染者平均比前一天的新感染者减少 30 人，到 11 月 30 日止，该市在这三十天内感染此病毒的患者共有 8670 人。

问：十一月几日，该市感染此病毒的新患者人数最多？并求这一天的新患者人数。

一、问题的分析

此问题的关键在于寻找感染此病毒的新患者人数最多的一天，不妨设这一天为第 n 天（$1 \leq n \leq 30$）。上面这段话明确告诉我们，从十一月一日起，此后每天的新患者人数都在增加，到第 n 天为止；从第 $n+1$ 天开始，每天的新患者人数又开始减少，到 11 月 30 日为止。这就是说第 n 天是一个分界点。下面我们就来以第 n 天为分界点，将这 30 天分成两段来研究。

二、寻找规律，建立模型

1. 对前 n 天的研究

设第 n 天的新患者人数为 a_n，从十一月一日至第 n 天的总患者人数为 S_n，则 $\{a_n\}$ 是一个以 $a_1 = 20$ 为首项，$d = 50$ 为公差的等差数列。

由公式可得：$a_n = a_1 + (n-1) \times d = 20 + (n-1) \times 50 = 50n - 30$，

$S_n = \dfrac{(a_1 + a_n) \times n}{2} = 25n^2 - 5n$。

2. 对后 $30-n$ 天的研究

设第 $n+1$ 天的新患者人数为 b_{n+1}，第 $n+1$ 天至 11 月 30 日的总患者人数为 S。这样，我们就构造了一个以 b_{n+1} 为首项，$d=-30$ 为公差的等差数列。

则 $b_{n+1}=a_n-30=50n-60$。

由公式可得 $S=(30-n)(50n-60)+\dfrac{(30-n)(29-n)}{2}\times(-30)$

$=-65n^2+2\,445n-14\,850$。

三、问题的求解

因为，该市在这 30 天内感染此病毒的患者共有 8 670 人，

所以 $S_n+S=8\,670$ 化简可得 $n^2-61n+588=0$，

解得 $n=12$ 或 $n=49$。

因为 $1\leqslant n\leqslant 30$，

所以 $n=12$。

$a_{12}=50\times 12-30=570$。

即第 12 天新患者人数最多，为 570 人。

四、结论

在日常生活中，避免不了一些传染病的出现。虽然，不同传染病的传染方式有所不同，但它们都有一个共同的特点，就是随着时间的推移，每一种传染病的新患者人数都会经历一个从低到高再到低的过程。这就要求我们一定要加强防患措施，增强卫生意识，特别是处于中间过渡时期，也就是高发病时期，这时的患者数目最多，最容易染病，因此要特别注意饮食、睡眠和生活卫生等，保持身体健康。

第四节　高中数学探究性学习的评价

探究性学习的评价是对学生数学探究性学习开展效果的一种鉴定。评价活动的展开，有利于学生发现自己在探究性学习中的优点和存在的问题，从而更好的指导学生今后的数学探究性学习的开展。

一、中学数学探究性学习评价的原则

（一）过程性原则

学生经过一段时间的探究，可能他们最后得到的研究结果不乐观，但这并不重要，因为学生通过数学问题的发现、数学假设的确立，通过查找资料、整理资料，用数学的方法加以分析论证等探究活动获得对数学的直接感受，了解数学研究一般流程和方法，能较规范地撰写科研小论文，表达自己的见解和观点，尝试与他人合作，知道更多获取信息的渠道，并试图运用自己已有的知识来解决正在研究的课题。这些，在学生今后的学习中显得尤为重要。

（二）评价的主体和对象的多元化

从探究性评价的主体看，评价的主体涉及被评价者自身、同班同学、指导教师，以及家长。

从评价的对象看，中学数学探究性学习的开展中，多分组的形式进行的，因此，评价的对象不仅有学生个体，还有小组这个集体。

（三）激励性原则

评价的目的不是把学生分为三六九等，而是总结学生在数学探究性学习中的经验，增长数学探究的能力。因此，数学探究性学习中的评价应该主要是发现学生的闪光点，对学生的失误，指出这些问题时要持宽容态度。

写评语的时候适宜写成谈心评语，采用第二人称"你……""我认为你……"等形式，这样可以使学生读起来感到亲近，从而更乐意接受老师提出的意见。同时也要注意评语的艺术性，使之更具吸引力和感染力。

二、中学数学探究性学习评价的内容

因为中学数学探究性学习活动的评价关注学习的整个过程，因此，学生在数学探究性学习过程几个阶段的情况都应纳入评价的系统。

（一）学生提出的数学问题的价值

在前面探讨过"价值性"是中学数学探究性学习提出问题时应遵循的重要原则，这种价值主要体现在它的研究价值和现实价值。在研究价值方面，主要体现在学生通过研究所提出的问题，是否能够很好地运用某些数学思维、方法，是否能够巩固并获得一些数学知识。在现实价值方面，主要体现在所选问题是否能够解释某些现象或解决某些实际的问题。

（二）探究态度的积极性

中学数学探究性学习重在学生探究的过程，重在让学生体验到数学探究的乐趣，培养数学探究的热情和习惯，学生探究过程的积极性能够很好地反应这些方面。数学的抽象性、严密性决定了数学探究学习过程是一个需要思维深入参与的过程，没有探究的热情和兴趣，没有参与活动的积极性，是很难使得数学探究性学习顺利地开展的。

（三）探究过程和方法的合理性

中学数学探究性学习中问题的解决需要一些数学的论证过程，要运用到一些数学方法。这一方面体现了学生数学知识的扎实程度，另一方面体现了学生运用知识于实际的能力。数学探究过程和方法的合理性能够反应学生的数学素养，它是学生今后数学学习和研究不可或缺的因素。

（四）和他人合作、交流的情况

在数学探究性学习的许多课题中，学生要以小组的形式进行探究学习。例如一起进行观察、收集数据，一起探讨解决问题方案的合理性，这都需要学生与他人之间的合作。合作精神是当今世界发展对人的素质要求，也是探究性学习培养的重要素质之一。交流能使学生主体充分表达自己的思想、对问题的理解和看法，这是学生个性化的体现。学生个体在独立研究的基础上，在小组或班级范围内充分展示自己数学探究性学习的思维方法和过程，通过相互交谈、倾听、讲述、板书，使发现得以分享，零乱的知识得以组织，模糊认识得以澄清，猜测得到验证或否定，观点得到辨析或认同。通过交流合作，学生能意识到自己既是受到充分尊重的独立学习者，又是他人的伙伴与协作者。因此交流有助于培养学生的互助协作精神和群体意识，它是中学数学探究性学习的重要内容。

（五）探究的结果

学生最终的成果的表现形式是多种多样，有数学规律的证明，有实际数学问题的解决。但应该认识到，结果只是数学探究性学习评价的一部分。

三、评价方式

从评价存在方式看，主要以文本评价为主。所谓文本评价，就是在收集学生在活动中各方面表现的基础上，通过评价表等文本性的方式进行评价。而非文本性的评价，是在活动过程中通过口头语言、表情、动作等方式进行的评价，如对学生的活动情况进行表扬、批判、激励，学生或学生集体对自己活动情况的反思和看法。

（一）文本性的评价的特点

1. 学生自评与教师评价相结合

学生和探究小组对自己的评价反映了学生和小组集体对其展开数学探究性活动的回顾和反思，这种评价有利于学生自主的总结探究中存在的问题并获得经验，发挥学生在数学探究性学习中的主体作用。同时也使学生在自我评价中学会尊重和欣赏他人的劳动成果，学会主动承担责任，并在自我反思中看到自己的优势和不足。因此，在整个评价中，学生自评是必不可少的。

教师对学生活动情况的评价是教师认为学生应该达到什么样的目标，与实际达到情况的比较。这种评价是对学生和小组集体的激励和督促。

2. 等级与评语相结合

等级评价是定量评价和定性评价相结合的一种措施，学生长期受百分制的评分方法影响，潜意识上总会追求分数、名次，故采取用等级制评价既能满足学生在这方面的要求，又能使学生获得了一个了解自己在研究性学习中成绩的参照物，从而激发学生积极参与研究性学习活动。评语用简明的描述性语言记述评定结果，那些难以从分数上、等级上反映出来的问题，可以在评语中反映出来，如学生的个性特点、优缺点等。

初步实践表明，学生对这种"等级+评语"的评价方式是乐于接受的，在对参加研究性学习的学生的调查中，只有极少数的学生对这种评价方表示无所谓，绝大多数的学生赞成这种新的评价方式，认为这种评价方式对他们具有指引性的作用，使他们知道自己的能力程度，了解自己在研究性学习中的具体收获与不足，明确今后努力的方向。

（二）文本性评价表的研制

上面探讨了中学数学探究性学习中评价的原则、内容、方式，对这些因素的考虑有利于我们制作出便于操作的评价表。

从上面的分析看，中学数学探究性学习评价的对象有参与数学探究性学习的学生个体和小组，因此，在制订评价表时，就有一张是对学生个体进行评价的表，还有一张是对各活动小组进行评价的表。

从评价的内容看，对小组评价和学生个体评价都涉及上面谈到的评价内容，包括学生提出的数学问题的价值、数学探究积极性、探究过程和方法的合理性、和他人的合作交流的情况、最终的结果。

从评价的主体看，有学生的自评、教师的评价及了解学生探究活动的家长等其他有关人员的评价。

从评价的方式看，有等级和评语。等级采用A，B，C，D的形式，其中A表示优秀、B表示良好、C表示一般、D表示尚须努力。教师的评语是综合教师的评价和学生自己的评价之后做出的最终评语。

充分考虑上面的因素，可以设计出"中学数学探究性学习小组（个人）学习情况评价表"（见表1-4-1）。

表 1-4-1

课题名称：									
评价内容	小组名称：				指导教师：				
	评价等级								
	A		B		C		D		
	小组学生	教师	小组学生	教师	小组学生	教师	小组学生	教师	
探究问题的价值									
小组成员参与积极性									
探究过程和方法的合理性									
探究问题的方法的创新性									
探究的成果									
自我评价：									
教师评语：									
其他人员的评语：									

上面探讨了中学数学探究性学习评价的原则、内容、方式和文本性评价表的研制问题，应该认识到，由于中学数学探究性学习形式的多样性，在具体操作方面，还要根据具体的探究形式做出相应的变化。例如，对一些"部分探究性学习"的评价，由于学习过程没有完整的四个阶段，相应的评价的内容也就不一致。

第二章
数与式探究性学习

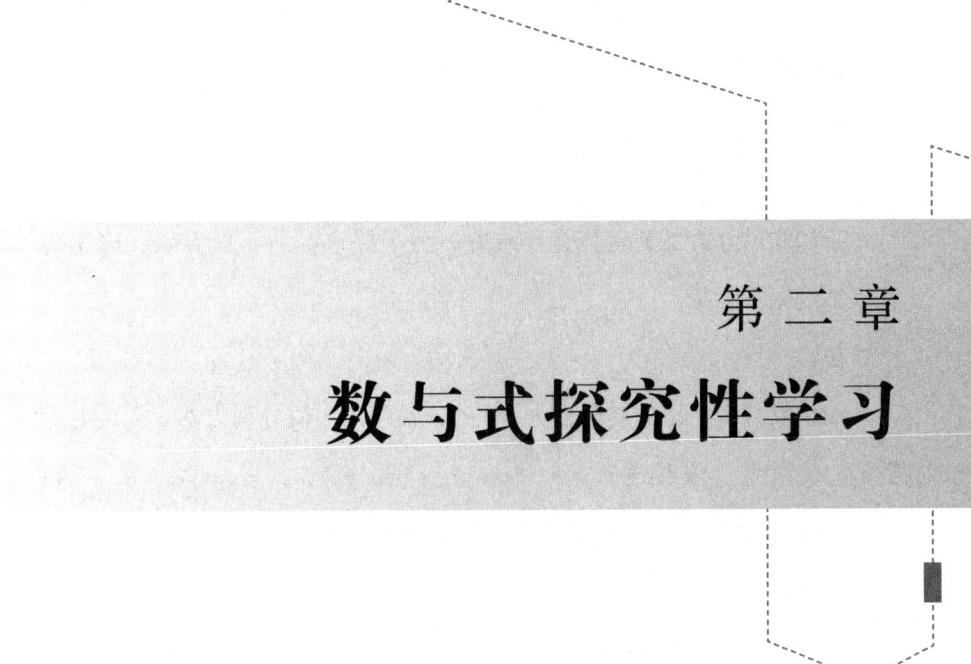

第一节 1 的 n 次方根

初中我们学过，1 的平方根 ± 1，它们互为相反数。如何求 1 的 3 次方根、4 次方根、……、n 次方根？它们有什么性质呢？

一、探究活动 1

我们知道开方的逆运算是是乘方，为了探求 1 的 n 次方根，请先研究复数的乘方运算。

答：

如果复数 z_1，z_2 的模分别为 r_1，r_2，辐角的主值分别为 θ_1，θ_2，则复数 z_1，z_2 写成三角形式 $z_1 = r_1（\cos\theta_1 + \mathrm{isin}\theta_1）$，$z_2 = r_2（\cos\theta_2 + \mathrm{isin}\theta_2）$，这两个复数相乘，积的模等于各复数的模的积，积的辐角等于各复数的辐角的和：

$z_1 z_2 = r_1（\cos\theta_1 + \mathrm{isin}\theta_1）\cdot r_2（\cos\theta_2 + \mathrm{isin}\theta_2）$

$\qquad = r_1 r_2 [\cos（\theta_1 + \theta_2）+ \mathrm{isin}（\theta_1 + \theta_2）]$。

这个结论可以推广到 n（$n \geqslant 2$，$n \in N$）个复数相乘的运算，即 $z_1 = r_1（\cos\theta_1 + \mathrm{isin}\theta_1）$，$z_2 = r_2（\cos\theta_2 + \mathrm{isin}\theta_2）$，……，$z_n = r_n（\cos\theta_n + \mathrm{isin}\theta_n）$，则 $z_1 z_2 \cdots z_n = r_1 r_2 \cdots r_n [\cos（\theta_1 + \theta_2 + \cdots + \theta_n）+ \mathrm{isin}（\theta_1 + \theta_2 +$

$\cdots + \theta_n)]$。

特别地，当 $z_1 = z_2 = \cdots = z_n = r(\cos\theta + i\sin\theta)$，那么 $[r(\cos\theta + i\sin\theta)]^n = r^n(\cos n\theta + i\sin n\theta)$。

这就是说，复数的 n（$n \in \mathbf{N}^*$）次幂的模等于这个复数的模的 n 次幂，它的辐角是这个复数的辐角的 n 倍。这就是棣莫佛定理。

二、探究活动 2

类比上述研究方法，探求 1 的 3 次方根，给出它们的几何解释，并探求它们的性质。

答：

设 $z = r(\cos\theta + i\sin\theta)$（$r>0$）是 1 的 3 次方根，即 $z^3 = 1 = \cos 0 + i\sin 0$，

$\therefore z^3 = r^3[(\cos\theta + i\sin\theta)]^3 = r^3(\cos 3\theta + i\sin 3\theta) = \cos 0 + i\sin 0$。

又相等复数的模相等，辐角可以相差 2π 的整数倍，

所以 $\begin{cases} r^3 = 1, \\ 3\theta = 0 + 2k\pi \ (k \in \mathbf{Z}), \end{cases}$

即 $\begin{cases} r = 1, \\ \theta = \dfrac{2k\pi}{3} \ (k \in \mathbf{Z}). \end{cases}$

所以 1 的 3 次方根是 $z = \cos\dfrac{2k\pi}{3} + i\sin\dfrac{2k\pi}{3}$（$k \in \mathbf{Z}$）。

结合三角函数的周期性知 1 的 3 次方根是 $z = \cos\dfrac{2k\pi}{3} + i\sin\dfrac{2k\pi}{3}$（$k = 0, 1, 2$），即 $z_0 = \cos 0 + i\sin 0 = 1$，$z_1 = \cos\dfrac{2\pi}{3} + i\sin\dfrac{2\pi}{3} = -\dfrac{1}{2} + \dfrac{\sqrt{3}}{2}i$，$z_2 = \cos\dfrac{4\pi}{3} + i\sin\dfrac{4\pi}{3} = -\dfrac{1}{2} - \dfrac{\sqrt{3}}{2}i$。

那么这三个根的几何意义是什么呢？

如图 2-1-1 所示，$z_0=1$，$z_1=-\dfrac{1}{2}+\dfrac{\sqrt{3}}{2}i$，$z_2=-\dfrac{1}{2}-\dfrac{\sqrt{3}}{2}i$ 在复平面上对应的点分别为 $Z_0(1,0)$，$Z_1\left(-\dfrac{1}{2},\dfrac{\sqrt{3}}{2}\right)$，$Z_2\left(-\dfrac{1}{2},-\dfrac{\sqrt{3}}{2}\right)$，这三个点都在以原点为圆心的单位圆上。又 z_0，z_1，z_2 的辐角依次为 0，$\dfrac{2\pi}{3}$，$\dfrac{4\pi}{3}$，所以 $Z_0(1,0)$，$Z_1\left(-\dfrac{1}{2},\dfrac{\sqrt{3}}{2}\right)$，$Z_2\left(-\dfrac{1}{2},-\dfrac{\sqrt{3}}{2}\right)$ 这三个点是该单位圆的三等分点。

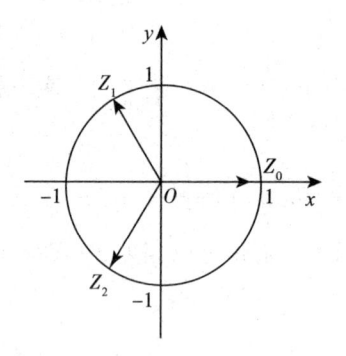

图 2-1-1

z_0，z_1，z_2 对应的向量分别是 $\overrightarrow{OZ_0}=(1,0)$，$\overrightarrow{OZ_1}=\left(-\dfrac{1}{2},\dfrac{\sqrt{3}}{2}\right)$，$\overrightarrow{OZ_2}=\left(-\dfrac{1}{2},-\dfrac{\sqrt{3}}{2}\right)$，我们发现：将 $\overrightarrow{OZ_0}$ 绕点 O 按逆时针方向旋转角 $\dfrac{2\pi}{3}$ 得到 $\overrightarrow{OZ_1}$，将 $\overrightarrow{OZ_0}$ 绕点 O 按顺时针方向旋转角 $\dfrac{2\pi}{3}$ 得到 $\overrightarrow{OZ_2}$。

1 的 3 次方根 z_0，z_1，z_2 还满足如下性质：

(1) $(z_k)^3=1$，$|z_k|=1$ ($k=0,1,2$)；

(2) z_1 和 z_2 互为共轭复数；

(3) $1 + z_k + z_k^2 = 1$ ($k = 0$, 1, 2)。

三、探究活动 3

请运用棣莫佛定理，探求 1 的 4 次方根、5 次方、……、n 次方根，给出它们的几何解释，并探求它们的性质。

答：

设 $z = r(\cos\theta + i\sin\theta)$ ($r > 0$) 是 1 的 4 次方根，即 $z^4 = 1 = \cos 0 + i\sin 0$，

∴ $z^4 = r^4[(\cos\theta + i\sin\theta)]^4 = r^4(\cos 4\theta + i\sin 4\theta) = \cos 0 + i\sin 0$.

所以 $\begin{cases} r^4 = 1, \\ 4\theta = 0 + 2k\pi \ (k \in \mathbf{Z}), \end{cases}$

即 $\begin{cases} r = 1, \\ \theta = \dfrac{k\pi}{2} \ (k \in \mathbf{Z}) \end{cases}$。

所以 1 的 4 次方根是 $z = \cos\dfrac{k\pi}{2} + i\sin\dfrac{k\pi}{2}$ ($k = 0$, 1, 2, 3)，

即 $z_0 = \cos 0 + i\sin 0 = 1$，$z_1 = \cos\dfrac{\pi}{2} + i\sin\dfrac{\pi}{2} = i$，$z_2 = \cos\pi + i\sin\pi = -1$，$z_3 = \cos\dfrac{3\pi}{2} + i\sin\dfrac{3\pi}{2} = -i$。

1 的 4 次方根 $z_0 = 1$，$z_1 = i$，$z_2 = -1$，$z_3 = -i$ 在复平面上对应的点分别为 $Z_0(1, 0)$，$Z_1(0, 1)$，$Z_2(-1, 0)$，$Z_3(0, -1)$，且 z_0，z_1，z_2，z_3 的辐角依次为 0，$\dfrac{\pi}{2}$，π，$\dfrac{3\pi}{2}$，这四个点都在以原点为圆心的单位圆上且将该单位圆的四等分。

1 的 4 次方根 z_0，z_1，z_2，z_3 还满足如下性质：

(1) $(z_k)^4 = 1$，$|z_k| = 1$ ($k = 0$, 1, 2, 3)；

(2) z_1 和 z_3 互为共轭复数。

同理 1 的 5 次方根是 $z = \cos\dfrac{2k\pi}{5} + i\sin\dfrac{2k\pi}{5}$ ($k = 0$,1,2,3,4),

即 $z_0 = \cos 0 + i\sin 0 = 1$,$z_1 = \cos\dfrac{2\pi}{5} + i\sin\dfrac{2\pi}{5}$,$z_2 = \cos\dfrac{4\pi}{5} + i\sin\dfrac{4\pi}{5}$,

$z_3 = \cos\dfrac{6\pi}{5} + i\sin\dfrac{6\pi}{5}$,$z_4 = \cos\dfrac{8\pi}{5} + i\sin\dfrac{8\pi}{5}$。

1 的 5 次方根在复平面上对应的点分别为 Z_0,Z_1,Z_2,Z_3,Z_4,且 z_0,z_1,z_2,z_3,z_4 的辐角依次为 0,$\dfrac{2\pi}{5}$,$\dfrac{4\pi}{5}$,$\dfrac{6\pi}{5}$,$\dfrac{8\pi}{5}$,这五个点都在以原点为圆心的单位圆上且将该单位圆的五等分。

1 的 5 次方根 z_0,z_1,z_2,z_3 还满足如下性质:

(1) $(z_k)^5 = 1$,$|z_k| = 1$ ($k = 0$,1,2,3,4);

(2) z_1 和 z_4、z_2 和 z_3 互为共轭复数。

由此我们可以猜想 1 的 n 次方根是 $z = \cos\dfrac{2k\pi}{n} + i\sin\dfrac{2k\pi}{n}$ ($k = 0$,1,2,$\cdots$,$n-1$,$n \geq 2$,$n \in \mathbf{N}^*$)。

1 的 n 次方根在复平面上对应的点分别为 Z_0,Z_1,Z_2,$\cdots$,Z_{n-1},且这 n 个点都在以原点为圆心的单位圆上且将该单位圆的 n 等分。

1 的 n 次方根 Z_0,Z_1,Z_2,$\cdots$,Z_{n-1} 还满足如下性质:

(1) $(z_k)^n = 1$,$|z_k| = 1$ ($k = 0$,1,2,$\cdots$,$n-1$);

(2) 1 的 n 次方根在复平面上对应的点分别为 Z_0,Z_1,Z_2,$\cdots$,Z_{n-1},其中关于 x 轴对称的点对应的两个复数根互为共轭复数。

第二节 探究"1"在高中数学解题中的妙用

"1"是自然数中最基本、最简单的数字之一，看似不起眼，但在高中数学解题中却有着非常巧妙的用处。在解题中，若能巧妙利用"1"进行代换，往往能够起到"四两拨千斤"的效果，大大提高解题效率。

一、探究活动1：同角三角函数的关系中对"1"的应用

同角三角函数中 $\sin^2\theta + \cos^2\theta = 1$ 这个式子在三角函数中的应用。

例1. 已知 $\dfrac{\sin\theta + 3\cos\theta}{\cos\theta - \sin\theta} = 5$，则 $\sin^2\theta - \sin\theta\cos\theta$ 的值是_____。

很多学生拿到这道题，大部分同学第一步会想到分式上下同除以余弦可以求出同角的正切，即 $\dfrac{\tan\theta + 3}{1 - \tan\theta} = 5$，$\tan\theta = \dfrac{1}{3}$。若已知角的正切，可以有两个办法求解原式，一个可以根据正切值求出正弦值、余弦值代入原式，因为求得三角函数值有两种情况，所以计算量相对较大。另一个是整式可看作是分母为1的分式，同时应用"1"转换变量，把原式变为只含有已知正切值，进而求得结果。

$$\sin^2\theta - \sin\theta\cos\theta = \dfrac{\sin^2\theta - \sin\theta\cos\theta}{1} = \dfrac{\sin^2\theta - \sin\theta\cos\theta}{\sin^2\theta + \cos^2\theta} = \dfrac{\tan^2\theta - \tan\theta}{\tan^2\theta + 1}$$

$$= \frac{\left(\frac{1}{3}\right)^2 - \frac{1}{3}}{\left(\frac{1}{3}\right)^2 + 1} = -\frac{1}{5}。$$

利用同角三角函数中 $\sin^2\theta + \cos^2\theta = 1$ 这个式子在三角函数中的应用，这种"1"的应用相对直接计算快速、量小、准确率高，大大提高了解题速度，值得推荐使用。

二、探究活动2：正切函数中对"1"的应用

利用 $\tan 45° = 1$ 这个式子在三角函数中的应用。

例2. 求值 $\dfrac{1+\tan 15°}{1-\tan 15°}$。

这道题是人教A版必修第一册课本例题，在上课讲解这道题的时候，先让学生思考这道题的解法，大部分同学使用方法：先把 $\tan 15° = \tan(45°-30°)$，或者 $\tan 15° = \tan(60°-45°)$，利用两角差的正切公式求出 $\tan 15°$ 的值，再求出 $\dfrac{1+\tan 15°}{1-\tan 15°}$ 的值。

也有个别学生应用"1"转换，由 $\tan 45° = 1$ 及两角和的正切公式，得 $\dfrac{1+\tan 15°}{1-\tan 15°} = \dfrac{\tan 45° + \tan 15°}{1 - \tan 45° \tan 15°} = \tan(45°+15°) = \tan 60° = \sqrt{3}$。

灵活应用"1"，简化运算，很快就把这道题的结果计算出来，使学生体会到巧用"1"的好处。

三、探究活动3：常值代换对"1"的应用

例3. 已知实数 x，y 满足 $x > y > 0$ 且 $2x + 2y = 2$，求 $\dfrac{3}{x+3y} + \dfrac{1}{x-y}$ 的最小值。

本题已知和为定值，求的仍旧是和的最值，原式乘1不改变原式的大小，是1与基本不等式的结合应用，从而得到最值。

由已知可得 $x+y=1$，$\dfrac{3}{x+3y}+\dfrac{1}{x-y}=\left(\dfrac{3}{x+3y}+\dfrac{1}{x-y}\right)\cdot 1$

$=\left(\dfrac{3}{x+3y}+\dfrac{1}{x-y}\right)(x+y)$

$=\left(\dfrac{3}{x+3y}+\dfrac{1}{x-y}\right)\dfrac{(x+3y)+(x-y)}{2}$

$=\dfrac{3}{2}+\dfrac{3(x-y)}{2(x+3y)}+\dfrac{1}{2}+\dfrac{(x+3y)}{2(x-y)}$

$=2+\dfrac{3(x-y)}{2(x+3y)}+\dfrac{(x+3y)}{2(x-y)}\geq 2+2\sqrt{\dfrac{3(x-y)}{2(x+3y)}\cdot\dfrac{(x+3y)}{2(x-y)}}=2+\sqrt{3}$。

当且仅当 $x=\dfrac{\sqrt{3}}{2}$，$y=1-\dfrac{\sqrt{3}}{2}$ 时，原式取得最小值 $2+\sqrt{3}$。

四、探究活动4：数列放缩中对"1"的应用

例4. 已知公差不为0的等差数列 $\{a_n\}$ 的前 n 项和 S_n，$S_7=49$，a_2 是 a_1 和 a_5 的等比中项。

（1）求 $\{a_n\}$ 及 S_n；

（2）证明：当 $n\geq 2$ 时，有 $\dfrac{1}{S_1}+\dfrac{1}{S_2}+\cdots+\dfrac{1}{S_n}<2$。

等差数列、等比数列求和，可以直接应用公式，等差数列乘以等比数列可以用错位相减求和，分母是两项相乘可以用裂项相消求和，遇到数列与不等式相结合的问题可以通过放缩变成符合上面的情况解决问题。

简单的放缩求不等式，应用 $\dfrac{1}{n^2}=\dfrac{1}{n\times n}<\dfrac{1}{n(n-1)}$ 分母减1变小，分

式变大，变形后符合裂项相消，是"1"与数列的结合。

解（1）得 $a_n = 2n - 1$，$S_n = n^2$。

（2）证明：由（1）可知，$S_n = n^2$，

∴ 当 $n \geq 2$ 时，$\dfrac{1}{S_1} + \dfrac{1}{S_2} + \cdots + \dfrac{1}{S_n} < 1 + \left(1 - \dfrac{1}{2}\right) + \left(\dfrac{1}{2} - \dfrac{1}{3}\right) + \cdots + \left(\dfrac{1}{n-1} - \dfrac{1}{n}\right) = 2 - \dfrac{1}{n} < 2$。

五、探究活动5：二项式定理中"1"的应用

例5. 已知 $(2x + 7)^3 = a_0 + a_1 x + a_2 x^2 + a_3 x^3$，则 $a_0 + a_1 + a_2 + a_3 = $ _____。

二项式的展开式，左右两边相等，只要 x 取相同的值，等式依旧相等。令 x 为定值1，可求系数和。

令 $x = 1$，得 $(2 \times 1 + 7)^3 = a_0 + a_1 + a_2 + a_3$，则 $a_0 + a_1 + a_2 + a_3 = 9^3 = 729$。

六、探究活动6："1"在向量中的应用

例6. 在 △ABC 中，已知 D 是 AB 边上一点，若 $\overrightarrow{AD} = 3\overrightarrow{DB}$，$\overrightarrow{CD} = \dfrac{1}{4}\overrightarrow{CA} + \lambda \overrightarrow{CB}$，则 $\lambda = $ _____

因为向量 $\overrightarrow{AD}$ 与 $\overrightarrow{DB}$ 共线且 AD 与 DB 有公共点，所以 D 点在直线 AB 上，A，B，D 三点共线。向量的性质：起点相同、终点在一条直线上的任何一个向量可以用另外两个向量线性表示，且系数和为1。应用该性质可以得出关于未知数的线性表达式进而解决未知量，由 $\overrightarrow{CD} = \dfrac{1}{4}\overrightarrow{CA} + \lambda \overrightarrow{CB}$，得 $\dfrac{1}{4} + \lambda = 1$，求得 $\lambda = \dfrac{3}{4}$。

七、探究活动7："1"在概率中的应用

对立事件概率和为1，在概率类题中求概率不容易时，正难则反，可以求对立事件的概率再应用"1"解决问题。

八、探究活动8："1"在频率分布直方图中的应用

求频率直方图的中未知纵坐标时经常会用到频率分布直方图频率和为1这一重要性质。

九、探究活动9："1"在参数方程中的应用

例7. 若 P 是圆 $x^2 + y^2 = 3$ 上动点，求线性关系的最值或者距离的最值。

由同角三角函数关系，正弦方与余弦方和为1，令 $x = \sqrt{3}\cos\theta$，$y = \sqrt{3}\sin\theta$，再应用辅助角公式得出线性关系的最值或者距离的最值，把几何中动点问题转化为代数的计算问题，应用了数形结合的思想方法。

十、探究活动10：证明不等式中对"1"的代换应用

例8. $M = \left(\dfrac{1}{b} - 1\right)\left(\dfrac{1}{c} - 1\right)\left(\dfrac{1}{a} - 1\right)$，且 $a + b + c = 1$，则 M 的取值范围是什么？（a，b，c 均为正实数）

直接应用基本不等式后，M 的式子中仍旧含有 a，b，c，做法是无效的，所以把分子中的"1"用 $a+b+c$ 的式子替代，虽然 a，b，c 出现的频率高了，但是 a，b，c 约掉的可能性变大了，每个式子都分别应用基本不等式，得到相应的 M 的范围，对于多次应用基本不等式的问题注意

取等条件是否能取得。

$$M = \left(\frac{1}{b}-1\right)\left(\frac{1}{c}-1\right)\left(\frac{1}{a}-1\right) = \left(\frac{a+b+c}{b}-1\right)\left(\frac{a+b+c}{c}-1\right)\left(\frac{a+b+c}{a}-1\right) =$$

$$\frac{a+c}{b} \cdot \frac{a+b}{c} \cdot \frac{b+c}{a} \geq \frac{2\sqrt{ac}}{b} \cdot \frac{2\sqrt{ab}}{c} \cdot \frac{2\sqrt{bc}}{a} = \frac{8abc}{abc} = 8,$$ 当且仅当 $a = b = c$

$= \frac{1}{3}$ 时，等号成立。

十一、探究活动 11：比较大小中"1"的应用

例9. 设 $a = \log_3 2$，$b = \log_2 3$，$c = \log_{\frac{1}{3}} 2$，比较 a，b，c 的大小关系。

比较大小时，无须求出 a，b，c 三个的具体数值，找出有效的边界值 1，0 就可以比较出三者的大小。$0 = \log_3 1 < \log_3 2 < \log_3 3 = 1$，$\log_2 3 > \log_2 2 = 1$，$\log_{\frac{1}{3}} 2 < \log_{\frac{1}{3}} 1 = 0$，所以 $c < a < b$。

十二、探究活动 12：三角函数值域中"1"的应用

因为正弦函数余弦函数的最大值为 1，在求一些变形三角函数值域时应用辅助角公式可以迅速求出相应的最值。

十三、探究活动 13：重心向量关系中系数"1"的应用

例10. 设 G 是 $\triangle ABC$ 的重心，a，b，c 分别是角 A，B，C 的对边，若 $a\overrightarrow{GA} + b\overrightarrow{GB} + \frac{\sqrt{3}c}{3}\overrightarrow{GC} = \vec{0}$，则角 A = （　　　）。

A. 90°　　　　B. 60°　　　　C. 45°　　　　D. 30°

重心与各个顶点的连线向量的系数比为 1，所以可以设 $a = b = 1$，再由特殊的等腰钝角三角形可以得出角 A 的度数，设 $a = b = 1$，$\overrightarrow{GA} + \overrightarrow{GB} =$

$-\overrightarrow{GC} = -\frac{\sqrt{3}c}{3}\overrightarrow{GC}$，可得 $c = \sqrt{3}$，由余弦定量得 $\cos A = \frac{\sqrt{3}}{2}$，所以 $A = 30°$。

十四、探究活动 14：圆锥曲线离心率中"1"的应用

例 11. 如果双曲线 $C: \frac{y^2}{a^2} - \frac{x^2}{b^2} = 1$（$a > 0$，$b > 0$）的渐近线与抛物线 $y = x^2 + \frac{1}{4}$ 相切，则 C 的离心率为_____。

在圆锥曲线的离心率中 1 的应用很多，抛物线的离心率为 1，椭圆的离心率与 $\frac{b}{a}$ 的关系是平方和为 1，双曲线的离心率与 $\frac{b}{a}$ 的关系是平方差为 1，例题中可以根据直线相切的关系得出 $\frac{b}{a}$ 的值再由上面的关系求得离心率。

由双曲线方程可得其中一条渐近线方程为 $y = \frac{a}{b}x$，渐近线与抛物线 $y = x^2 + \frac{1}{4}$ 相切，所以渐近线方程 $y = \frac{a}{b}x$ 与抛物线 $y = x^2 + \frac{1}{4}$ 只有一个交点，即 $\frac{a}{b}x = x^2 + \frac{1}{4}$ 只有一个解，所以由韦达定理得 $\left(\frac{a}{b}\right)^2 - 4 \times \frac{1}{4} = 0$，即 $a = b$，在双曲线中有 $\left(\frac{c}{a}\right)^2 - \left(\frac{b}{a}\right)^2 = 1$，所以离心率 $e = \frac{c}{a} = \sqrt{2}$。

以上给出了一些"1"在高中数学解题中的简单应用，通过对"1"的巧妙应用，大大提高了解决问题的能力和效率，通过探究"1"的应用，还激发了学生学习数学的兴趣。在今后的学习中，我们将不断探究，还有许多"1"的应用值得我们在今后的学习中继续学习探究。

第三节　简单了解二分法及其应用

一、探究活动1：二分法解题

问题1：（用二分法解答）有16枚大小相同、颜色相同的金币，其中有15枚金币是真的，有一个质量稍轻是假的。用天平称几次一定可以找出这个稍轻的假币？要求写出具体过程。

答：

16个金币分了两堆，每堆8枚，称一次，质量轻的那堆单独取出来；

再将轻的金币堆（8枚）一分为二，称一次，质量轻的那堆单独取出；

再将轻的金币堆（4枚）一分为二，称一次，质量轻的那堆单独取出；

再将轻的金币堆（2枚）一分为二，称一次，质量轻的那个单独取出，即为假金币。

所以至少4次。

问题2：（用二分法解答）现有200位疑似某病毒感染者，想要快速确认出病毒感染者，一般先将每位疑似感染者的样本编号，后做如下操作：

（1）混合所有样本血样，再进行检验，若无病毒特征，则所有被检者健康；若第一步检出有病毒特征，则说明至少有一位感染病毒。

（2）将样本均分为两组（均分与否皆可），各组分别取样混合，随后再进行检验。

重复以上操作，直到找出感染病毒者，结束检验。（说明：该方法只在病毒流行初期，即多数人没有携带病毒）

二、探究活动 2：二分法结合零点探究应用

函数的零点：对于一般函数 $y = f(x)$，使 $f(x) = 0$ 的实数 x 叫作函数 $y = f(x)$ 的零点。

问题 3：（1）用二分法求方程 $f(x) = 0$ 在（1，2）内近似解的过程中得 $f(1) < 0$，$f(1.5) > 0$，$f(1.25) < 0$，则方程的根在区间（　　）。

A.（1.25，1.5）　　　　　　B.（1，1.25）

C.（1.5，2）　　　　　　　　D. 不能确定

（2）求方程 $3x^3 + 2x - 3 = 0$ 的一个近似解（精度 0.1）。

答：

（1）选 A。

∵ $f(1) < 0, f(1.5) > 0$，

∴ 方程的根落在区间（1，1.5）内。

∵ 区间（1，1.5）的中点为 1.25 且 $f(1.25) < 0$，

∴ 方程 $f(x) = 0$ 在（1，2）近似解在区间（1.25，1.5）内。

（2）原方程 $3x^3 + 2x - 3 = 0$，令 $f(x) = 3x^3 + 2x - 3$，

∵ $f(0)f(1) < 0$，

∴ 方程 $f(x) = 0$ 的根在区间（0，1）内。

∵ $f(0.5)f(1) < 0$，

∴ 方程 $f(x) = 0$ 的根在区间（0.5，1）内。

∵ $f(0.75)f(1) < 0$，

∴方程 $f(x)=0$ 的根在区间 (0.75, 1) 内。

又 (0.75, 1) ⊂ (0.5, 1) ⊂ (0, 1)，所以零点所在的范围就缩小了。如果重复上述步骤，零点的范围就会越来越小，这样，我们就能通过 5 次重复相同步骤，将零点所在范围缩小到精确度 0.1 的区间内。具体运算数据如表 2-3-1 所示：

表 2-3-1

(a, b)	(a, b) 的中点	$f(a)$	$f(b)$	$f((a+b)/2)$
(0, 1)	0.5	$f(0)<0$	$f(1)>0$	$f(0.5)<0$
(0.5, 1)	0.75	$f(0.5)<0$	$f(1)>0$	$f(0.75)<0$
(0.75, 1)	0.875	$f(0.75)<0$	$f(1)>0$	$f(0.875)>0$
(0.75, 0.875)	0.8125	$f(0.75)<0$	$f(0.875)>0$	$f(0.8125)>0$
(0.75, 0.8125)	0.78125	$f(0.75)<0$	$f(0.8125)>0$	$f(0.78125)>0$

$|0.75-0.8125|=0.0625<0.1$，所以近似解为 0.8。

三、探究活动 3：二分法的来源和学习意义

（一）什么是二分法？

通俗地说"二分法"就是取中点、一分为二的方法，它是探求方程近似解的一种常用方法。第一步是判断近似解的大致范围，可以借助画图观察，也可通过数据观察；第二步，主要是对区间两个端点值取算术平均数，一分为二，借助计算器得出值的正负，再根据零点存在性定理，判断出近似解的范围不断重复上述过程，直到求出方程的近似解，这种求方程近似解的方法称为"二分法"。

（二）二分法的来源

从数学史的角度看，早在古巴比伦时代，人们就已经掌握了解一元二次方程的方法，但直到公元 9 世纪，阿拉伯数学家花拉子模才得出二

次方程的求根公式。从 9 世纪到 19 世纪，解方程一直是代数学的中心课题，一方面，由研究特殊方程存在解的条件出发产生了数学中的一个重要分支———群论；另一方面，随着科技的发展，人们获得了许多求方程近似解的方法，即数值计算方法。但是我们知道，能够将精确解求出来的方程不是很多，五次以上的一般多项式方程、一般的超越方程，以及从实际生活和物理研究中得到的方程，一般说来，求它们的精确解是不可能的，我们只能求它们的有理近似解。

（三）二分法的现实来源

同学们对二分法并不陌生，你应该有以下生活体验吧？一周过了周三之后，你会觉得这一周很快就要结束了；CCTV2 曾有一档娱乐节目"幸运 52"，要求选手在有限的时间内猜某一物品的售价，如果猜中，把该物品奖励给选手。譬如有一种手机，价格在 1000～1500 元之间，第一次猜平均数 1250 元，如果被告知"高了"，则猜 1125 元，如果"低了"，则猜 1288 元，……，几次就能猜中。这些来自生活中的实例，都不经意地透视着取中的思想。

（四）为何要学习二分法？

为什么要在高一学习"二分法"？其中一个原因就是解方程的需要。因为"二分"法源于求方程的近似解，有同学会问，为何要学习求方程的近似解呢？数学家庞加莱说："若欲预见数学的将来，正确的方法是研究它的历史与现状。"他认为数学史是理解数学的必然之路。历史是一面镜子，了解解方程的历史，有助于我们全面、深刻理解"二分法"。

附：

以下为"简单了解二分法及其应用"课题完成情况的表格填写（见表 2-3-2）。

表 2-3-2

1. 课题名称	简单了解二分法及其应用
2. 课题组成员	谢俊安、李鑫泉、卜淼淼、饶洲、陈源兴、吴玉娟、陈冰、叶舒琪
3. 选题的意义 课题研究的目的是想让学生深刻了解二分法及其应用,用简单的语言能表述清楚何为二分法及其简单应用,同时旨在培养学生动手能力、沟通表达能力等	
4. 研究计划(包括对选题的分析、解决问题的思路等) (1)例题(3道)及相应解法。 (2)什么是二分法? (3)二分法的来源。 (4)二分法的现实来源。 (5)为什么要学习二分法? (其中探究内容可为2,3,4,5等几点内容或学生可自行选择探究内容,其中二分法的来源、过程一定要在展示的PPT内)	
5. 研究过程 (1)第一道题由老师指导完成。 (2)第二和第三两道题学生自行探究。 (3)探究内容中一定要包含"二分法的来源","二分法的过程"一定要在展示的PPT内。 (4)三道应用题需详细解答并展示。 (5)讲解下探究的意义。 (6)研究过程中,要求学生分工明确,各司其职	
6. 研究成果 (1)体会二分法的思想。 (2)了解二分法的相关知识。 (3)学会应用二分法去求解问题。 (4)展示时,可以让展示的学生跟屏幕或者台下同学有互动。 (5)PPT内应包含例题的详细求解过程,二分法的来源、过程等,其余可以自由发挥。 (6)要求展示内容清晰易懂,能够体现团队合作能力,展示过程表述要逻辑清晰	

续 表

7. 收获与体会 学生们通过一起合作交流探究来了解二分法及其应用，不仅可以了解到知识点，也可以培养学生团队合作能力、探究能力、动手和资料查找能力、语言表达能力等
8. 对此研究的评价（由评价小组或老师填写） 此研究有助于提高学生们的团体合作能力、探究能力、动手和资料查找能力、语言表达能力等；此研究中涉及的生活实例，能让学生感受到数学来源于生活，且能运用于生活

第四节 对数概念的形成与发展

一、对数的发展史

（一）对数思想启蒙（早期数学家简化运算的思想）

早在对数诞生之前，数学家们就已经开始利用等差和等比数列的对应关系来简化计算了。15世纪，法国数学家许凯（N. Chuquet，1445—1488年）在其《算学三部》中给出了双数列：

1	2	4	8	16	32	64	128	……	1048576
0	1	2	3	4	5	6	7	……	20

两列数的对应关系：上一列数之间的乘、除运算结果对应于下一列数之间的加、减运算结果，如 $8 \times 64 = 512$，对应于 $3 + 6 = 9$。16世纪德国数学家斯蒂菲尔（M. Stifel，1487—1567年）更明确地提出了上一列数的乘、除、乘方和开方四种运算，但当时指数概念尚未诞生，上一列数的间隔太大，面对 68×4091，$1026 \div 45$ 这样的情况便束手无策，因而这样的对应关系并不实用。

（二）纳皮尔与对数

与此同时，人类地理探险、海洋贸易和天文学等都在迅速发展，这些对计算速度、准确度的需求与日俱增。苏格兰数学家纳皮尔

（J. Napier，1550—1617 年）经过二十年如一日的努力，最终找到了简化大数运算的有效工具，于 1614 年出版《奇妙的对数定理说明书》，这标志着对数的诞生。

（三）常用对数的发明

伦敦数学家布里格斯（H. Briggs，1561—1630 年）建议对纳皮尔的对数进行改进，使 1 的对数为 0，10 的对数为 1 等，最后出版了更简便的常用对数表。由于对数比指数发明得早，纳皮尔在研究对数时并没有使用指数与对数的关系。

（四）对数与指数的关系（指数的发明、对数与指数互逆关系、对数符号的产生）

17 世纪，笛卡儿（R. Descartes，1596—1650 年）发明了幂的记号，指数概念才应运而生。直到 18 世纪瑞士数学家欧拉（L. Euler，1707—1783 年）发现了指数与对数的互逆关系，深刻揭示了指数与对数之间的密切联系，并创用了 $\log_a N$ 这一记号。对数的发明先于指数，成为数学史上的珍闻。对数的发展经历了简化运算想法的形成、对数表的发明、指数与对数的互逆关系三个阶段，随着社会发展以及计算工具的不断革新，教材省略对数发展的前两个阶段。欧拉对数的发明直接引发了计算上的革命，法国著名数学家和天文学家拉普拉斯（P. S. Laplace，1749—1827 年）评价道："因为省时省力，对数倍增了天文学家的寿命。"

二、通过例子体验改进大数运算

问题 1：请同学们用计算器计算 16×256 和 256×4096。根据表 2-4-1 得出规律。

答：

$16 \times 256 = 4096$　　　　$256 \times 4096 = 1048576$

表 2-4-1

x	1	2	3	4	5	6	7	8	9	10
$y=2^x$	2	4	8	16	30	64	128	256	512	1024

x	11	12	13	14	15	16	17	18	19
$y=2^x$	2048	4096	8192	16384	32768	65536	131072	262144	524288

x	20	21	22	23	24	25	26
$y=2^x$	1048576	2097152	4194304	8388608	16777216	33554432	67108864

x	27	28	29	30	31	32
$y=2^x$	134217728	268435456	536870912	1073741824	2147483648	4294967296

其中 16，256 对应的幂指数分别为 4，8，和为 12，对应的幂为 4096；同样地，256 与 4096 对应的幂指数分别为 8，12，和为 20，对应的幂为 1048576。

问题 2：能否不计算直接根据该表得到 4096×32768 的结果？

答：

4096 和 32768 对应的幂指数分别为 12 和 15，它们的和为 27，对应的幂为 134217728。

问题 3：思考 36，365 能否表示成 2 的整数次幂？36×365 能否可用以上方法得出结果？

答：

36，365 不能表示成 2 的整数次幂的形式，假设有一张足够多数字的表格可以算出近似结果。

三、利用对数的完善来提出概念

历史背景：1742 年，威廉斯把对数定义为指数并进行系统叙述。现在人们定义对数时都借助于指数。欧拉在 1748 年引入了以 a 为底的 x 的对数 $\log_a x$ 这一表示形式。现在对数的定义是什么？

答：

对于一般的 $a^x = N$（$a > 0$ 且 $a \neq 1$），若已知 a 和 N 需要求出指数 x，则记为 $x = \log_a N$，我们把 x 称作以 a 为底 N 的对数，其中 a 叫作底数，N 叫作真数。如：$2^x = 36$，$x = \log_2 36$，$2^x = 365$，$x = \log_2 365$。

问题：根据对数的定义，请问对数 $\log_a N$ 的含义是什么？

答：

它的含义是 a 的多少次方是 N。

参考文献

[1] 钟萍，汪晓勤. 对数概念：从历史到课堂 [J]. 中学数学月刊，2015（5）：50 – 53.

[2] 詹云蕾. HPM 视角下"对数概念"的教学案例 [J]. 现代职业教育，2019（30）：12 – 13.

[3] 田方琳. 数学史融入对数概念教学的行动研究 [D]. 上海：华东师范大学，2015.

[4] 陈君. 浅谈数学史融入概念教学——以对数概念教学为例 [J]. 课程教育研究，2017（7）：131.

附：

以下为课题"对数概念的形成与发展"完成情况的表格填写（表2-4-2）。

表2-4-2

1. 课题名称	对数概念的形成与发展
2. 课题组成员及分工	收集资料：余嘉、罗欢、詹森淏 文档整理编辑：吴嘉阳、何梓熠 PPT编辑及主持汇报：张思婷、陈鹏辉 指导老师：梁老师

3. 选题的意义

对数概念是高中数学必修课重要内容，研究对数概念的形成与发展有利于学生理解对数概念，从而进一步加深对数与指数之间的关系的认知，有利于后面学习对数的运算及相关知识

4. 研究计划（包括对选题的分析、解决问题的思路等）

(1) 对数的发展史。（通过查阅文献概述对数的发展历史）

①对数思想的启蒙；②纳皮尔与对数；③常用对数的发明；④对数与指数的关系（谁发明了指数，对数与指数的互逆关系、对数符号的产生）

(2) 通过例子体验改进大数运算。（阅读例子学生探究回答4个问题）

(3) 利用对数的完善得到现在教科书中对数的定义。（根据定义回答1个问题）

5. 研究过程

(1) 由指导老师指导学生如何网上查找文献，根据文献收集对数概念的发展史。

(2) 学生动手网上查找文献，理解对数概念的形成过程，从对数思想的启蒙、纳皮尔与对数、常用对数的发明、对数与指数的关系几方面回答。（内容展示在PPT内）

(3) 会改进大数运算。（将问题回答过程展示在PPT内）

(4) 根据前面研究的对数概念形成的历史，结合教科书得出对数定义。

(5) 根据对数定义，小组探究回答对数 $\log_a N$ 的含义是什么。

(6) 注意小组内的分工合作

续 表

6. 研究成果 （1）知道对数概念的发展经历过哪几个阶段。 （2）会对根据表格对大数运算进行简化，了解理论上两个数相乘都可以根据简化进行求解。 （3）注意讲述运算的方法和过程。 （4）理解对数的概念，知道 $\log_a N$ 表示的含义
7. 收获与体会 学生们通过网上查找文献，一起合作交流探究，了解对数概念的发展史，对对数概念的形成过程印象深刻，这有利于学习对数有关知识，同时培养学生团队合作能力，资料收集能力，在展示成果中锻炼语言表达能力以及临场应变能力等
8. 对此研究的评价（由评价小组或老师填写） 此研究有助于锻炼学生的团体作协作探究能力、动手查找资料能力、语言表达能力等；通过形象的概念发展能让学生感受到数学概念魅力，使学生的理解更加深刻

第五节 探究杨辉三角的性质

二项式 $(a+b)^n$ 展开式的二项式系数,当 n 依次取 1,2,3,…时,列出的一张表,叫作二项式系数表,因它形如三角形,南宋的杨辉对其有过深入研究,所以我们又称它为"杨辉三角",如图 2-5-1 所示。

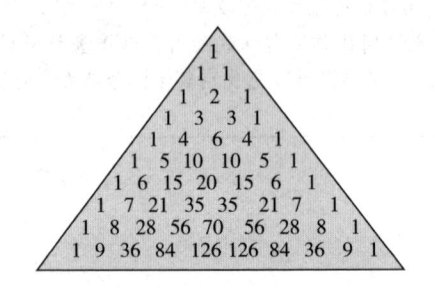

```
                1
              1   1
            1   2   1
          1   3   3   1
        1   4   6   4   1
      1   5  10  10   5   1
    1   6  15  20  15   6   1
  1   7  21  35  35  21   7   1
1   8  28  56  70  56  28   8   1
1  9  36  84 126 126  84  36   9   1
```

图 2-5-1

杨辉,杭州钱塘人。中国南宋末年数学家,数学教育家。著作甚多,他编著的数学书共五种二十一卷,著有《详解九章算法》十二卷、《日用算法》二卷、《乘除通变本末》三卷、《田亩比类乘除算法》二卷、《续古摘奇算法》二卷。其中后三种合称《杨辉算法》,朝鲜、日本等国均有译本出版,流传世界。

"杨辉三角"出现在杨辉编著的《详解九章算法》一书中,此书还说明表内除"1"以外的每一个数都等于它肩上两个数的和。杨辉指出这个方法出于《释锁》算书,且我国北宋数学家贾宪(约公元11世纪)已经用过它,这表明我国发现这个表不晚于11世纪。

在欧洲,这个表被认为是法国数学家物理学家帕斯卡首先发现的,他们把这个表叫作"帕斯卡三角"。这就是说,"杨辉三角"的发现要比欧洲早500年左右,由此可见我国古代数学的成就是非常值得中华民族自豪的。

一、杨辉三角的若干行

以下是杨辉三角15行的数据表(见表2-5-1)。

表2-5-1

0行	1											
1行	1	1										
2行	1	2	1									
3行	1	3	3	1								
4行	1	4	6	4	1							
5行	1	5	10	10	5							
6行	1	6	15	20	15	6	1					
7行	1	7	21	35	21	7	1					
8行	1	8	28	56	70	56	28	8	1			
9行	1	9	36	84	126	126	84	36	9	1		
10行	1	10	45	120	210	252	210	120	45	10	1	
11行	1	11	55	165	330	462	462	330	165	55	11	1

续 表

12 行	1	12	66	220	495	792	924	792	495	220	66	12	1			
13 行	1	13	78	286	715	1 287	1 716	1 716	1 287	715	286	78	13	1		
14 行	1	14	91	364	1 001	2 002	3 003	3 432	3 003	2 002	1 001	364	91	14	1	
15 行	1	15	105	455	1 365	3 003	5 005	6 435	6 435	5 005	3 003	1 365	455	105	15	1

二、杨辉三角基本性质

（1）表中每个数都是组合数，第 n 行的第 $r+1$ 个数是 C_n^r。

（2）三角形的两条斜边上都是数字1，而其余的数都等于它肩上的两个数字的和，也就是 $C_n^r = C_{n-1}^{r-1} + C_{n-1}^r$。

（3）杨辉三角具有对称性（对称美），即 $C_n^r = C_n^{n-r}$。

（4）奇数项的二项式系数和 = 偶数项的二项式系数和 = 2^{n-1}。

（5）若 n 为偶数，则中间项的二项式系数最大；若 n 为奇数，则中间项两项的二项式系数最大。

（6）杨辉三角的第 n 行是二项式 $(a+b)^n$ 展开式的二项式系数，即
$(a+b)^n = C_n^0 a^n + C_n^1 a^{n-1} b^1 + \cdots + C_n^r a^{n-r} b^r + \cdots + C_n^n b^n$。

课后思考：利用数学归纳法证明第（6）点性质。

下面，师生一起继续探究杨辉三角蕴含的数量关系（全班分成若干个小组进行探讨，老师巡回检查，稍后师生一起检查探究结果，教师要适时给予鼓励）。

三、杨辉三角有趣的数字排列规律

培养学生观察力，注意观察方法有横看、竖看、斜看、连续看、隔

行看,从多种角度观察。(横看成岭侧成峰,远近高低各不同)

(1) 计算杨辉三角中各行数字的和,看有何规律。

第 1 行 $1+1=2$

第 2 行 $1+2+1=4=2^2$

第 3 行 $1+3+3+1=8=2^3$

第 4 行 $1+4+6+4+1=16=2^4$

第 5 行 $1+5+10+10+5+1=32=2^5$

……

第 n 行 $C_n^0+C_n^1+C_n^2+\cdots+C_n^r+\cdots+C_n^{n-1}+C_n^n=2^n$。

分析:第 n 行数字的和为 2^n。

前 n 行(含第 0 行)所有数的和为 $2^{n+1}-1$,它恰好比第 n 行的和 2^n 的 2 倍小 1。

(2) 从杨辉三角中一个确定的数的"左(右)肩"出发,向右(左)上方作一条和左斜边平行的射线,在这条射线上的各数的和等于这个数。

一般地,在第 m 条斜线上(从右上到左下)前 n 个数字的和,等于第 $m+1$ 条斜线上的第 n 个数,如图 2-5-2 所示。

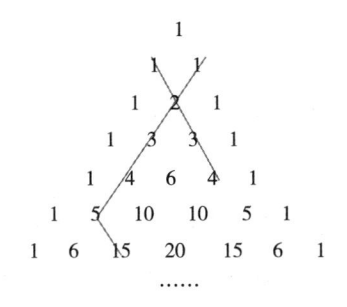

$$
\begin{array}{c}
1 \\
1 \quad 1 \\
1 \quad 2 \quad 1 \\
1 \quad 3 \quad 3 \quad 1 \\
1 \quad 4 \quad 6 \quad 4 \quad 1 \\
1 \quad 5 \quad 10 \quad 10 \quad 5 \quad 1 \\
1 \quad 6 \quad 15 \quad 20 \quad 15 \quad 6 \quad 1 \\
\cdots\cdots
\end{array}
$$

图 2-5-2

根据这一性质,猜想下列数列的前 n 项和:

$1+1+1+\cdots+1=C_n^1$ (第 1 条斜线);

$1+2+3+\cdots+C_{n-1}^1=C_n^2$ (第 2 条斜线);

$1+3+6+\cdots+C_{n-1}^2=C_n^3$ (第 3 条斜线);

$1+4+10+\cdots+C_{n-1}^3=C_n^4$ (第 4 条斜线);

……

结论: $C_r^r+C_{r+1}^r+C_{r+2}^r+\cdots+C_{n-1}^r=C_n^{r+1}$ ($n>r$)(第 $r+1$ 条斜线)
(可用组合数性质简单证明)。

(3) 如图 2-5-3 所示,写出斜线上各行数字的和,有什么规律?
(继续换一角度"斜"向看)

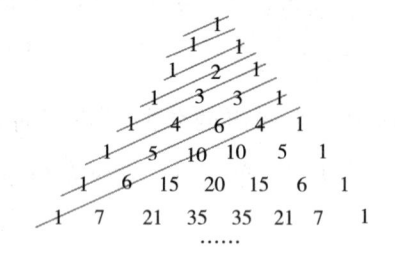

```
        1
       1 1
      1 2 1
     1 3 3 1
    1 4 6 4 1
   1 5 10 10 5 1
  1 6 15 20 15 6 1
 1 7 21 35 35 21 7 1
       ……
```

图 2-5-3

1, 1, 2, 3, 5, 8, 13, 21, 34…

此数列 $\{a_n\}$ 满足, $a_1=1$, $a_2=1$, 且 $a_n=a_{n-1}+a_{n-2}$ ($n\geqslant 3$),这就是著名的斐波那契数列。以下介绍斐波那契"兔子繁殖问题"增强趣味性。

中世纪意大利数学家斐波那契的传世之作《算术之法》中提出了一个饶有趣味的问题:假定一对刚出生的兔子一个月就能长成大兔子,再过一个月就开始生下一对小兔子,并且以后每个月都生一对小兔子.设所生一对兔子均为一雄一雌,且均无死亡。问一对刚出生的小兔一年内可以繁殖成多少对兔子？

兔子繁殖问题可以从杨辉三角得到答案：右侧从上而下的一列数 1，1，2，3，5，8，13，……，正好是刚生的兔子，第一个月后的兔子．第二个月后的兔子，第三个月后的兔子，……n 个月后的兔子的对数。"兔子繁殖问题"的答案就是第 12 行右下侧的数（第 13 个），即 233。

（4）杨辉三角的第 1，3，7，15，……行，即第 2^k-1（k 是正整数）行的各个数字有什么特点？

结论：观察可知，它们均为奇数．第 2^k 行除两端的 1 之外都是偶数。

（5）杨辉三角第 5 行中，除去两端的数字 1 以外，行数 5 整除其余所有的数。你能再找出具有类似性质的三行吗？这时的行数 P 是什么数？（继续"横"看）

结论：如 2，3，7，11 等行，行数 P 是质数。

四、杨辉三角的运用——"纵横路线图"

"纵横路线图"是数学中的一类有趣的问题．图 2-5-4 是某城市的部分街道图，纵横各有五条路，如果从 A 处走到 B 处（只能由北到南，由西向东），那么有多少种不同的走法？

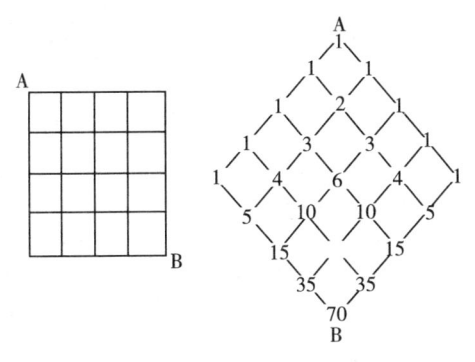

图 2-5-4

我们把图顺时针转 45°，使 A 在正上方，

B 在正下方，然后在交叉点标上相应的杨辉三角数。有趣的是，B 处所对应的 70，正好是答案（$C_8^4 = 70$）。

一般地，每个交点上的杨辉三角数，就是 A 到达该点的方法数。由此看来，杨辉三角与纵横路线图问题有天然的联系。

五、作业

（1）用数学归纳法证明杨辉三角的第 n 行就是 $(a+b)^n$ 的二项式系数。

（2）你还能找出杨辉三角中有哪些数字规律？

第三章
集合与不等式探究性学习

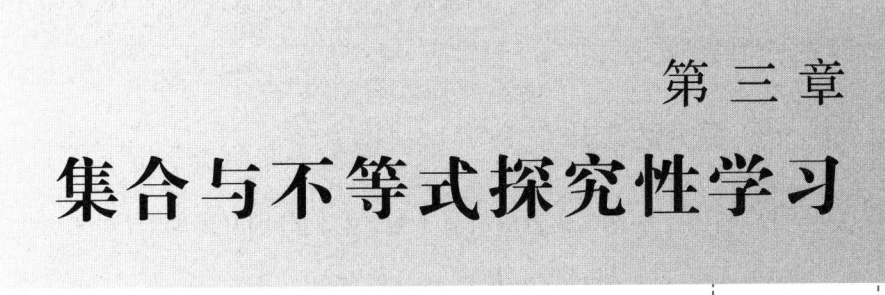

第一节 探究集合的子集的个数

集合是数学中常见的概念，是指任何一组元素所组成的整体。集合子集个数可以描述一组数据中子集的个数，计算子集个数的有效方法是使用"2 的 N 次幂"这一概念，即集合的子集个数应该等于 2 的 N 次幂。其中，N 表示一个集合中元素的数量，例如一个包含三个元素的集合的子集个数应该为 2 的 3 次幂，也就是 $2^3 = 8$。下面就让我们一起来探究集合的子集的个数吧。

一、探究活动 1

分别写出下面两个集合的所有子集，它们分别有多少个？

(1) $A = \{1, 2\}$；(2) $B = \{a, b, c\}$。

答：

(1) 集合 A 有 4 个子集，分别是 $\varnothing$，$\{1\}$，$\{2\}$，$\{1, 2\}$。

(2) 集合 B 有 8 个子集，分别是 $\varnothing$，$\{a\}$，$\{b\}$，$\{c\}$，$\{a, b\}$，$\{a, c\}$，$\{b, c\}$，$\{a, b, c\}$。

二、探究活动 2

通过探究活动 1 容易猜想含 n 个元素的集合的子集个数为 2^n，你能证明这个猜想吗?

答:

(1) 证法一。

可以分 n 个步骤完成：第一步，确定元素 a_1 是否为子集中的元素，共有"是"和"否"2 种结果；类似地，第二步至第 n 步依次确定 $a_2 \sim a_n$ 是否为子集中的元素，都有"是"和"否"2 种结果，根据分步乘法计数原理，共有 2^n 个子集。

(2) 证法二。

记 n 元有限集合的子集个数为 $f(n)$，则 $f(0)=1, f(1)=2, \cdots, f(n)=2f(n-1)$，于是递推可得 $f(n)=2f(n-1)=2^2 f(n-2)=\cdots=2^{n-1}f(1)=2^n$。

(3) 证法三。

我们将 n 元集合 $\{a_1, a_2, \cdots, a_n\}$ 的子集按元素个数进行分类：

零元子集：$\varnothing$，有 C_n^0 个；

1 元子集：$\{a_1\}, \{a_2\}, \cdots, \{a_n\}$，有 C_n^1 个；

2 元子集：$\{a_1, a_2\}, \{a_1, a_3\}, \cdots, \{a_{n-1}, a_n\}$，有 C_n^2 个；

……

n 元子集：$\{a_1, a_2, \cdots a_n\}$，有 C_n^n 个。

子集的个数总计为：$C_n^0 + C_n^1 + \cdots + C_n^n = 2^n$。

三、探究活动 3

设集合 $A = \{1, 2, \cdots, 20\}$，求集合 A 所有非空子集元素和的总和。

答：

集合 $A = \{1, 2, \cdots, 20\}$ 的子集有 $\varnothing$，$\{1\}$，$\{2\}$，$\cdots$，$\{1, 2, \cdots, 20\}$，共有 2^{20} 个，先计算出包含元素 1 的集合个数，剩下的 9 个元素组成的集合含有 2^{19} 个子集。故元素 1 出现了 2^{19} 次，同理，元素 2，3，4，$\cdots$，20 都出现了 2^{19} 次。

故集合 A 的所有非空子集元素和的总和为 $(1 + 2 + 3 + \cdots + 20) \times 2^{19} = 210 \times 2^{19}$。

第二节　探究基本不等式

一、等周问题

在古希腊时期，国家以矩形的周长相等为标准来分配土地，认为周长相等则矩形的面积一样，可是有不少人认为这样做有失公允。直到公元前 2 世纪左右，数学家芝诺多鲁斯发现：在矩形中，四条边都相等的矩形面积最大。

二、基本不等式的证明方法

（一）几何证明

1. 在圆中证明

（半圆模型：古希腊亚历山大时期，几何学家帕普斯）

活动一：图 3-2-1 所示为一个以 O 为圆心、以 AB 为直径的圆，其中点 C 是直径 AB 上一点。已知 $AC = a$，$BC = b$，过点 C 作垂直于直径 AB 的弦 DD'，那么半弦 CD 和半径的大小关系是怎样的？能够利用此关系证明均值不等式吗？如果可以，什么时候取等号？（教学提示：连接 AD 和 BD）

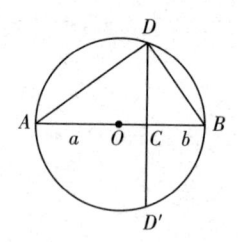

图 3-2-1

解析：

连接 AD 和 BD，则 $OD = \dfrac{1}{2}AB = \dfrac{1}{2}(a+b)$

∵ △ABD 是直角三角形，∴ $CD^2 = AC \cdot BC = a \cdot b$，

∴ $CD = \sqrt{a \cdot b}$。

∵ $OD \geqslant CD$，

∴ $\dfrac{1}{2}(a+b) \geqslant \sqrt{ab}$。

当且仅当 $a = b$ 时，等号成立（即 C 点与圆心 O 重合时）。

2. 由赵爽弦图证明

图 3-2-2 是一个正方形 $ABCD$，把正方形 $ABCD$ 分割成四个全等的直角三角形和一个小正方形 $EFGH$，设 Rt△ABE 中 $AE = a$，$BE = b$，你能利用此图证明基本不等式吗？（提示：比较面积）

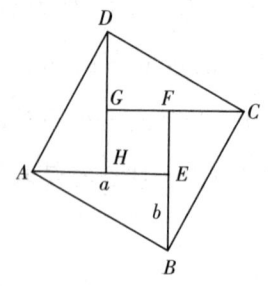

图 3-2-2

证明：

∵ $AE = a$，$BE = b$，∴ 正方形 $ABCD$ 的边长 $AB = \sqrt{a^2 + b^2}$，

∴ 正方形 $ABCD$ 的面积 $S_{ABCD} = a^2 + b^2$。

又 $\triangle AEB$ 的面积为 $S_{\triangle ABE} = \dfrac{1}{2}ab$，∴ 四个直角三角形的面积之和为 $2ab$。

∵ $S_{ABCD} - 4S_{\triangle ABE} = S_{EFGH}$，∴ $a^2 + b^2 \geq 2ab$，

对不等式 $a^2 + b^2 \geq 2ab$ 进行转化可得 $(a+b)^2 - 2ab \geq 2ab$，

那么 $(a+b)^2 \geq 4ab$，即 $\left(\dfrac{a+b}{2}\right)^2 \geq ab$，当且仅当 $a = b$ 时等号成立，

∴ 基本不等式得证。

3. 折纸法

方法：如图 3-2-3，取两张正方形的纸张，记一张面积为 a，另一张面积为 b。

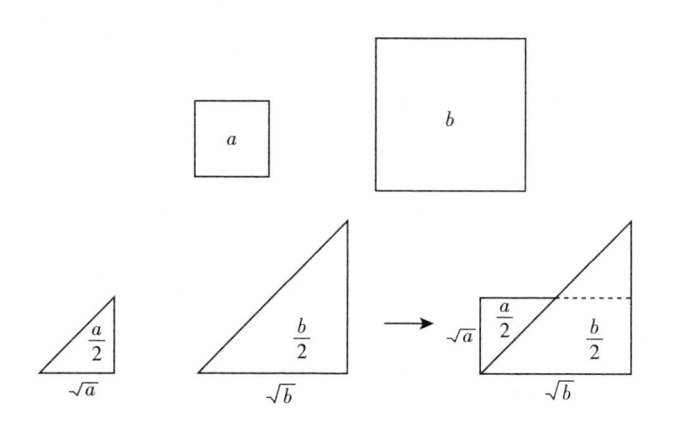

图 3-2-3

步骤一：把两张纸张沿对角线对折，把对折后的两部分纸张沿对角线靠拢，则两部分的总面积为 $\dfrac{a+b}{2}$；

步骤二：此时靠拢的两张纸张的下半部分可看成一个矩形，则其中一条边长为$\sqrt{a}$，另一边长为$\sqrt{b}$，故矩形的面积为$\sqrt{ab}$；

步骤三：由图显然可得基本不等式，矩形面积不大于整个图形面积。

4. 双圆法

不妨设$a>b$，画两个半径分别为$\dfrac{a}{2}$和$\dfrac{b}{2}$且彼此相切的圆，则可作出如图3-2-4所示的直角三角形，易知$\sqrt{ab} \leqslant \dfrac{a+b}{2}$，而$a=b$时的情况是显然的。

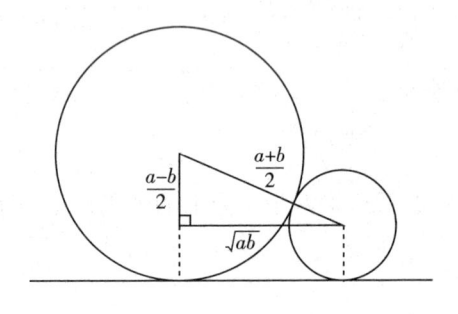

图3-2-4

（二）代数证明

1. 和差法

公元前3世纪，欧几里得在《几何原本》第二卷中提出等价下列恒等式的命题：$\left(\dfrac{b-a}{2}\right)^2 + ab = \left(\dfrac{a+b}{2}\right)^2$，

因此有$\left(\dfrac{a+b}{2}\right)^2 \geqslant ab$，即$\dfrac{a+b}{2} \geqslant \sqrt{ab}$（$a>0$，$b>0$）。

2. 分析法

证明：

要证$\sqrt{ab} \leqslant \dfrac{a+b}{2}$，只需证$\dfrac{a+b}{2} - \sqrt{ab} \geqslant 0$，

即只需证 $a+b-2\sqrt{ab} \geq 0$，

所以只需证 $(\sqrt{a}-\sqrt{b})^2 \geq 0$。

不等式 $(\sqrt{a}-\sqrt{b})^2 \geq 0$ 显然成立，当且仅当 $a=b$ 时等号成立，

所以 $\sqrt{ab} \leq \dfrac{a+b}{2}$，当且仅当 $a=b$ 时等号成立。

代数证明法还有诸如用柯西不等式进行证明，从向量视角进行证明等等，在此不一一赘述。

三、为什么要学习基本不等式？

基本不等式在证明不等式的过程中是一个很重要的桥梁，放缩法证明不等式会经常用到基本不等式。

另一方面，基本不等式作为求极值的一种方法，经常运用于实际问题，而且是高考常考的知识点，通过基本不等式，常常可以将一些较为复杂的求极值的问题转化为简单问题，在化归方法中起着重要的承接作用。

通过对这一节内容的学习，可以较为真切地体会到数形结合法的神奇之处，也加强了数学联系生活这一重要的数学观。在学习过程中，要用心体会数学思想方法，为以后抽象数学思想方法做好铺垫作用。

四、赵爽与《周髀算经注》

赵爽是我国古代著名的数学家，天文学家。赵爽在《周髀算经注》中采用弦图证明了勾股定理，论述了二次方程与太阳高度的求解方法。

古代数学家的故事告诉我们，数学来源于生活，用数学思考并解决实际问题就是数学的核心素养，数学家们的研究成果让我们很入迷，也激励我们继续探索数学的奥秘。

附：

以下为课题"探究基本不等式"完成情况的表格填写（见表3-2-1）。

表3-2-1

1. 课题名称	探究基本不等式
2. 课题组成员及分工	谢依欣、潘睿轩、彭海林、李安露、刘展谋、康志成、张婧烨、杨惠敏、徐柳茹

3. 选题的意义

课题研究的目的是使学生深刻了解基本不等式的由来，探索基本不等式的多种证明方法，培养学生的逻辑推理和数学运算素养，并感受我国古代数学的璀璨成就，提高民族自豪感和自信心，从中体会到学习数学的乐趣

4. 研究计划（包括对选题的分析、解决问题的思路等）
(1) 基本不等式的起源。
(2) 基本不等式的证明方法。
(3) 为什么要学习基本不等式。
(4) 赵爽与《周髀算经注》。（拓展）

5. 研究过程
(1) 第一道起源可由教师指导学生完成，也可学生自由发挥。
(2) 证明题第一道由学生自行探究完成。
(3) 证明题第二道由教师指导学生完成。
(4) 其中探究内容一定要包含基本不等式的证明方法，要展示在PPT中。
(5) 探究基本不等式的意义。
(6) 学生分工合作，各尽其职

6. 研究成果
(1) 了解基本不等式的历史由来。
(2) 理解基本不等式的多种证明方法。
(3) 展示时，可与同学分享自己如何找到基本不等式证明方法，以及自己的一些想法。
(4) PPT内应包含：基本不等式的起源，基本不等式证明方法，其余可自由发挥

续 表

7. 收获与体会 学生通过网上搜集资料和小组合作交流共同探究基本不等式的多种证明方法，不仅可以通过研究数学史了解基本不等式这一知识的来龙去脉，还体会到数学来源于生活并应用于生活，从中体会到学习数学的兴趣
8. 对此研究的评价（由评价小组或老师填写） 此研究不仅可以培养学生的创造性思维和发散思维，还培养了学生良好的逻辑思维能力和语言表达能力、信息共享意识，提高了学生之间的合作交流能力

第三节 "糖水不等式"及其应用

糖水不等式：设 $a>b>0$，$m>0$，则有 $\dfrac{b}{a}<\dfrac{b+m}{a+m}$。

特例：$\dfrac{1}{2}<\dfrac{2}{3}<\dfrac{3}{4}<\dfrac{4}{5}<\cdots\cdots$

糖水不等式的倒数形式：设 $a>b>0$，$m>0$，则有 $\dfrac{a}{b}>\dfrac{a+m}{b+m}$。

特例：$\dfrac{2}{1}>\dfrac{3}{2}>\dfrac{4}{3}>\dfrac{5}{4}>\cdots\cdots$

糖水不等式内涵丰富，应用广泛，令人回味无穷。形象地说明了在溶液中加溶剂，溶度就会变大。具体地说，是在含有 b g 糖的 a g 糖水溶液中，加入 m g 糖，则糖水变甜了（即浓度变大了）。

一、探究活动 1

证明糖水不等式：设 $a>b>0$，$m>0$，则有 $\dfrac{b}{a}<\dfrac{b+m}{a+m}$。

答：

(1) 证法一（作差法）。

$\dfrac{b}{a}-\dfrac{b+m}{a+m}=\dfrac{m(b-a)}{a(a+m)}$，因为 $a>b>0$，$m>0$，

所以 $\dfrac{m(b-a)}{a(a+m)}<0$，所以 $\dfrac{b}{a}<\dfrac{b+m}{a+m}$ 成立。

（2）证法二（综合法）。

因为 $m>0$，$b>a>0$，所以 $bm>am$，所以 $ab+bm>ab+am$，即 $b(a+m)>a(b+m)$，因为 $m>0$，$b+m>0$，所以 $\dfrac{a+m}{b+m}>\dfrac{a}{b}$ 成立。

（3）证法三（构造函数）。

构造函数 $f(x)=\dfrac{a+x}{b+x}(a<b,x>0)$，可将函数化为 $f(x)=1+\dfrac{a-b}{x+b}$，因为 $a-b<0$，所以函数 $f(x)$ 在区间 $(0,+\infty)$ 上单调递增，又 $m>0$，所以 $f(0)<f(m)$，即 $\dfrac{b}{a}<\dfrac{b+m}{a+m}$ 成立。

二、探究活动2

比较 $\log_6 8$ 与 $\log_7 9$ 的大小。

答：

由糖水不等式的倒数形式可得，

$$\log_6 8=\dfrac{\ln 8}{\ln 6}>\dfrac{\ln 8+\ln\dfrac{7}{6}}{\ln 6+\ln\dfrac{7}{6}}=\dfrac{\ln\dfrac{56}{6}}{\ln 7}>\dfrac{\ln\dfrac{54}{6}}{\ln 7}=\log_7 9。$$

三、探究活动3

已知数列 $\{a_n\}$ 是各项为正的等比数列，前 n 项和为 S_n，求证：

（1）$S_n S_{n+2}<S_{n+1}^2$；

（2）数列 $\{a_n\}$ 的通项公式为 $a_n=3^n-1$，证明：$\dfrac{1}{a_1}+\dfrac{1}{a_2}+\cdots+\dfrac{1}{a_n}<1$。

答：

（1）由"糖水不等式"可知，$\dfrac{S_n}{S_{n+1}} = \dfrac{qS_n}{qS_{n+1}} < \dfrac{a_1+qS_n}{a_1+qS_{n+1}} = \dfrac{S_{n+1}}{S_{n+2}}$，即有 $S_n S_{n+2} < S_{n+1}^2$ 成立。

（2）证明：由 $a_n = 3^n - 1$ 得 $\dfrac{1}{a_n} = \dfrac{1}{3^n-1}$，由糖水不等式可得

$\dfrac{1}{a_n} = \dfrac{1}{3^n-1} < \dfrac{1+1}{3^n-1+1} = \dfrac{2}{3^n}$，

$\therefore \dfrac{1}{a_1} + \dfrac{1}{a_2} + \cdots + \dfrac{1}{a_n} < \dfrac{2}{3} + \dfrac{2}{3^2} + \cdots + \dfrac{2}{3^n} = \dfrac{\dfrac{2}{3}\left(1-\dfrac{1}{3^n}\right)}{1-\dfrac{1}{3}} < 1$。

四、总结与反思

糖水不等式将抽象的数学简单化、趣味化，展示了数学的内在美，它在解题中有着比较广泛的应用。

第 四 章

函数探究性学习

第一节 函数概念的发展史

一、函数概念的发展史

探究目的：让学生加深对函数概念的理解，理解初中学习的"变量说"与高中新学习的"对应说"的区别与联系。

以下是函数三种定义的表格展示（见表 4-1-1）。

表 4-1-1

"变量说"	设 x, y 是某个变化过程中的两个变量，如果当变量 x 在某个实数范围内变化时，变量 y 按照一定的规律随 x 的变化而变化，则称 x 为自变量，y 为因变量，变量 y 为 x 的函数
"对应说"	设 A、B 是两个非空数集，如果按照某种对应法则 f，对于集合 A 中的每一个数 x，在集合 B 中都有唯一的数 y 与之对应，那么这样的对应叫做集合 A 到集合 B 的函数，记作 $f: A \rightarrow B$
"关系说"	如果 X 到 Y 的二元关系 $f: X \times Y$，对于每个 $x \in X$，都有唯一的 $y \in Y$，使得 $\{x, y\} \in f$，则称 f 为 X 到 Y 的函数

（一）早期函数概念——几何观念下的函数（图像角度认识）

14 世纪，法国数学家奥莱斯姆根据图形来表示一个可变量，而这个可变量又依赖于另一个变量，分别称为"经度""纬度"，这种方法得到了认可，很快被开普勒和伽利略应用于天体运动方面的研究中。

17世纪，伽利略在《关于两门新科学的对话》中虽未提出"函数"的概念，但书中包含着函数的变量概念，用文字和比例的语言表达函数的关系。

1637年，笛卡儿在《几何学》中注意到了一个变量对于另一个变量具有依赖关系，但并未意识到需要提炼一般的函数概念，只在文中说明代数函数与超越函数的区别。

17世纪后期，还未明确函数的一般意义，绝大部分函数被当作曲线来研究。

1673年，莱布尼茨首次使用"函数"这个数学名词，用来表示任何一个随着曲线上的点的变动而变动的量。我国认识"函数"是从清朝时期开始的，当时国内的数学教育落后，为学习西方先进数学知识，出现了一批数学教科书翻译者，译者李善兰就在其《代数学》中翻译了"函数"概念。

（二）18世纪函数概念——代数观念下的函数

1718年，约翰·贝努利在前人莱布尼茨函数概念的基础上，给出了明确的定义：由变量 x 和一些常数以任何方式组成的量叫作" x 的函数"，表示为 ϕx。

1748年，欧拉把函数定义为："一个变量的函数是由该变量的一些数或常量与任何一种方式构成的解析表达式。"并且首次给出了至今一直使用的函数符号 $f(x)$。不久，欧拉又提出另一个定义：如果某些量以如下方式依赖于另一些量，即当后者变化时，前者本身也变化，则称前一些量是后一些量的函数。由此可见，函数的定义更普遍更具有广泛意义。

(三) 19 世纪函数概念——对应关系下的函数

1821 年,柯西对函数进行了重新定义:"人们把一次取许多互不相同的值的量叫作变量,当变量之间这样联系起来的时候,即给定了这些变量中一个值,就可以决定所有其他变量的值的时候,人们通常想象这些量是用其中的一个量来表达的,这个量就取名自变量,而由自变量表示的其他量就叫作这个自变量的函数。"这是首次出现"自变量"这个专业名词,同时指出函数不一定要有解析表达式,不过他仍然认为函数关系可以用多个解析式来表示。这是一个很大的局限性。

后期,傅立叶给出一个函数的一般定义:函数 $f(x)$ 表示一个完全任意的函数,即给定一系列值,按共同规律或不按共同规律,对于在 0 与任意大的 X 之间的一切 x 值做出回答。

1837 年,狄利克雷提出,认为怎样去建立 x 与 y 之间的关系无关紧要,他拓广了函数概念,给出了经典的函数定义:"对于在某区间上的每一个确定的 x 值,y 都有一个或多个确定的值,那么 y 叫作 x 的函数。"这种定义方式简洁准确、清晰明了,得到了所有数学家的认可。

由此,函数的本质定义已经初步形成。

(四) 现代函数概念——集合论下的函数

康托开创集合论之后,集合成为现代数学描述的基础语言,因此函数的定义又一次发生了变化。1887 年,戴德金给出函数的新定义:系统 S 上的一个映射蕴涵了一种规则,按照这种规则,S 中每一个确定的元素 s 都对应着一个确定的对象,它成为 s 的映象,记作 $\phi(s)$ 我们也可以说,$\phi(s)$ 对应于元素 s,$\phi(s)$ 由映射 ϕ 作用于 s 而产生或导出;s 经映射 ϕ 变换成 $\phi(s)$。此定义已非常接近函数的现代定义了。

1936 年,布尔巴基学派给出函数的现代定义:设 E 和 F 是两个集合，它们可以不同，也可以相同，E 中的一个变元 x 和 F 中的变元 y 之间一个关系成为一个函数关系，如果对每个 $x \in E$，都存在唯一的 $y \in F$，它满足跟 x 的给定关系，表示为 $f: E \rightarrow F$。这就是用映射来表达的现代的函数概念。

20 世纪 60 年代后，人们把函数当成集合。在定义关系的基础上，现代函数的定义认为函数就是一种特殊的关系。设 R 是一个二元关系，如果还满足 $(x_1, y_1) \in R$，$(x_1, y_2) \in R$，则 $y_1 = y_2$ 称 R 是函数关系。

二、当下高中采用"对应说"的原因

初中学习的函数概念表述为：如果在一个变化过程中有两个变量 x 和 y，对于变量 x 的每一个值，变量 y 都有唯一的值与它对应，那么称 y 是 x 的函数。它强调的是用函数描述一个变化过程。例如，在匀速直线运动中（速度为 v），路程 s 随着时间 t 的变化而变化，因此路程是时间的函数，记为 $s = vt$。再如，在单价 n、数量 p、总价 S 的关系中，总价 S 随着数量 p 的变化而变化，因此总价是数量的函数，记为 $S = pn$，通常把这样的表述称为函数的"变量说"。

但是，上述两个函数自变量的单位不同，不能进行加、减等运算。若舍去其具体背景进一步抽象，可以得到一般的正比例函数 $y = kx$（k 为非零常数）。于是，两个正比例函数就可以进行运算了，所得结果还是一般的函数。

到了高中，函数的概念表述为：给定两个非空实数集合 A 和 B，以及对应关系 f，若对于集合 A 中的每一个实数 x，集合 B 中有唯一实数 $y = f(x)$ 与 x 对应，则称 $y = f(x)$ 为集合 A 上的函数，这个概念更强调实数集与实数集间的对应关系，通常把这样的表述称为函数的"对应关系说"。这样，不同的函数可以进行加、减、乘、除等运算，函数研究的内涵和应用的范围得以扩展。

对应关系强调的是对应的结果,而不是对应的过程。例如,借助高中函数的表达式,可以认定函数 $y = \cos^2 x + \sin^2 x$,$x \in (-\infty, +\infty)$ 与函数 $y = 1$,$x \in (-\infty, +\infty)$ 表示同一个函数。更一般地,可以判断两个函数是否相同:如果两个函数的定义域相同,且相同的变量值对应的函数值也相同,那么,这两个函数就是同一个函数。直观地说,如果两个函数的图像重合,这两个函数就是同一个函数,此外,函数 $u = t^2$,$t \in (-\infty, +\infty)$,$x = y^2$,$y \in (-\infty, +\infty)$,$y = x^2$,$x \in (-\infty, +\infty)$,使用的字母不同,但它们表示的是同一个函数,因为它们的定义域和对应关系分别对应相同;反之,函数 $y = x^2$,$x \in (-\infty, +\infty)$,$y = x^2$,$x \in (0, +\infty)$ 的对应关系相同,但它们是不同的函数,因为它们的定义域不同。因此,函数的表示与字母的使用无关。

使用对应关系刻画函数还有更为深刻的含义,这是因为有些函数很难用解析式表示。例如,狄利克雷函数

$$y = \begin{cases} 1, & x \text{ 是有理数,} \\ 0, & x \text{ 是无理数。} \end{cases}$$

因此,对函数概念的进一步抽象是必要的。

注:

1851 年,德国数学家黎曼(Bernhard Riemanm,1826—1866 年)给出函数定义:

假定 x 是一个变量,它可以逐次取所有可能的实数值,如果对它的每一个值,都有未知量 w 的唯一的一个值与之对应,则 w 称为 x 的函数。

人们通常称这样的定义为函数的"对应说",因为定义中采用了"唯一的一个值与之对应"的说法。

法国布尔巴基学派(Nicolas Bourbaki)的宗旨是在集合论的基础上,

用形式化的方法重新构建数学最基本的概念和法则。1939 年，布尔巴基学派给出函数的定义：

设 E 和 F 是两个集合，它们可以不同，也可以相同。E 中的变元 x 和变元 y 之间的一个关系称为一个函数关系，如果对于第一个 $x \in E$，都存在唯一的 $y \in F$，它满足与 x 给定的关系。称这样的运算为函数，它以上述方式将与 x 有给定关系的元素 $y \in F$ 与每一个元素 $x \in E$ 相联系。称 y 是函数在元素 x 处的值，函数值由给定的关系所确定。两个等价的函数关系确定同一个函数。

人们通常称这样的定义为"关系说"，由此可以看到，高中函数定义的表述是黎曼对应说与布尔巴基学派关系说的融合，采纳了"对应"和"关系"的表述方式。

后来，有些学者把布尔巴基学派的定义进一步符号化：

设 F 是定义在集合 X 和 Y 上的一个二元关系，称这个关系为函数，如果对于每一个 $x \in X$，都存在唯一的 $y \in Y$，使得 $(x, y) \in F$。

这样，函数的定义就完全用数学符号形式化了，在这个定义中，已经很难找到变量、甚至对应的影子了，进而完全摆脱了函数的物理背景。虽然这种完全形式化的定义更为一般化，却是以丧失数学直观为代价的，因此不适用于基础教育阶段的数学教育。

参考文献

［1］中华人民共和国教育部．普通高中数学课程标准（2017 年版 2020 年修订）［S］．北京：人民教育出版社，2020.

［2］中华人民共和国教育部．义务教育数学课程标准（2022 年版）［S］．北京：北京师范大学出版社，2022.

［3］王旭光．高中数学函数关系定义的教学实验研究［D］．广州：

广州大学，2016.

［4］李举兴．高中函数概念教材设计的比较研究［D］．广州：广州大学，2016.

［5］Dieter Ruthing．函数概念的一些定义——从 Joh. Bernoulli 到 N. Bourbaki［J］．数学译林，1986，3，261

［6］王文娟．函数定义的三种学说及其比较研究［J］．运城师专学报，1988（4）：45-48.

［7］代婷．充分认识差别，切实领会新课程理念——对新、旧高中数学教材中"函数"部分内容编排的比较［J］．内蒙古师范大学学报（教育科学版），2006（6）：131-133.

［8］杨红．论函数概念发展史对函数教学的启示［J］．楚雄师范学院学报，2007（6）：86-88+93.

［9］刘现伟．函数概念的发展史［J］．中学生数理化（八年级数学）（华师大版），2009（2）：48-49.

［10］彭林，童纪元．借助函数概念的发展史引入函数概念［J］．中学数学，2011（12）：6-8.

［11］李祎，曹益华．函数概念的本质与定义方式探究［J］．数学教育学报，2013，22（6）：5-8.

附：

以下为课题"函数概念的发展史"完成情况的表格填写（见表4-1-2）。

表 4-1-2

1. 课题名称	函数概念的发展史
2. 课题组成员及分工	彭顺康、张丽娟、熊明锋、张德立、柯伟垲、罗美玲

3. 选题的意义
数学家庞加莱曾说："若想预见数学的将来，正确的方法是研究它的历史和现状。"所以研究数学史是非常必要的。当代学者也意识到了这一点，他们越来越重视数学史的研究。数学史是人类文明史的重要组成部分，通过数学史了解古代的其他文化特征和价值

4. 研究计划（包括对选题的分析、解决问题的思路等）
将这次研究主要分为两大部分：一是函数概念的历史，二是函数三种主要的定义方式。重点放在初中学习的"变量说"以及高中的"对应说"，特别是"对应说"的优势

5. 研究过程
（1）查阅相关文献、书籍。 （2）梳理分类，理论分析，总结。 （3）撰写相关报告，上交论文。 （4）收集各类反馈，不断完善研究成果

6. 研究成果
简述函数概念发展史，分析初中函数的"变量说"与现行高中函数的"对应说"的联系与区别，总结其优劣势

7. 收获与体会
加深对函数概念的理解，理解初中学习的"变量说"与高中新学习的"对应说"的区别与联系；学会查找文献，通过梳理分类、理论分析和总结，进一步了解了函数概念的发展史

8. 对此研究的评价（由评价小组或老师填写）
通过研究活动，小组成员能合理分工合作，面对丰富的文献内容，梳理分类和分析总结过程中学生意见相左时，能够互相尊重与交流，协调合作的团队精神得到提升；学生归纳整理函数概念发展史后，加深了对高中学习"对应说"的理解

第二节　函数三种定义方式

一、函数的三种定义方式

函数是数学上一个基本而又重要的概念，在现代数学中，它几乎渗透到数学的各个分支中，怎样定义函数？根据时代历史的演变，一般有以下三种：变量说、对应说（即映射说）、关系说。

二、课程标准的要求

（一）《义务教育数学课程标准（2022年版）》

内容要求：

（1）探索简单实例中的数量关系和变化规律，了解常量、变量的意义；了解函数的概念和表示法，能举出函数的实例。

（2）能用适当的函数表示法刻画简单实际问题中变量之间的关系；理解函数值的意义。

（二）《普通高中数学课程标准（2020年版）》

内容要求：

（1）在初中用变量之间的依赖关系描述函数的基础上，用集合语言和对应关系刻画函数，建立完整的函数概念，体会集合语言和对应关系在刻画函数概念中的作用。了解构成函数的要素，能求简单函数的定义域。

（2）在实际情境中，会根据不同的需要选择恰当的方法（如图像法、列表法、解析法）表示函数，理解函数图像的作用。

三、三种定义方式的介绍与比较

（一）三种说法的特点

1. 变量说的特点

（1）强调变化过程，y 随 x 值的变化而变化；

（2）强调"量"。

2. 对应说的特点

（1）强调一一对应；

（2）强调对应结果。

3. 关系说的特点

（1）使函数的定义完全数学符号化，在这个定义中已难以找到其他有关函数的学说的影子；

（2）相对对应说和变量说来说更像一个独立于函数背景之外的学说。

（二）变量说与对应说的优劣势

表 4-2-1 展示出"变量说"与"对应说"的优劣势。

表 4-2-1

	变量说（传统定义）	对应说（近代定义）
优势	（1）在日常生活中或生产实践中，各变量之间，多半大致已经"天然地"建立了对应关系。因此，变量说虽未突出对应关系，却不至误会	（1）并没有过多的限制，很自然就消除了上述变量说弊端中的仅限于量的限制，因此它的使用范围比变量说广

续 表

	变量说（传统定义）	对应说（近代定义）
优势	（2）刻画自然，形象直观，通俗易懂，适合学生初步认识，使用情境引入。 （3）能够清晰地反映 x 与 y 之间的变化过程	（2）抓住了函数的本质属性，突出 x 值唯一对应的 y 值，就是说突出了两个集合间元素的对应就是函数
劣势	（1）被局限在实数范围内，更加强调的是"量"，对于"非量"问题是无法解决的，因此在很多情况下无法适用。 （2）强调的是变化过程，不足以解释一些常数函数，忽视对应规律。 （3）易于模糊 f，$f(x)$，$y=f(x)$ 的区别。f 是函数；$f(x)$ 仅指函数 f 在 x 的值，是一个数或元素；$y=f(x)$ 是一个式子	对于什么是对应法则的概念是模糊不清的，尚未明确定义

（三）变量说与对应说编入教材的原因

表 4-2-2 展示的是两种定义方式在不同阶段教学中的应用方式与原因。

表 4-2-2

	变量说	对应说
教学阶段应用	初中阶段	高中阶段
编写顺序原因	（1）初中学生年龄较小，知识面相对较窄，智力发展尚不完全。 （2）太过抽象的知识对于大部分初中生来说难以理解，需结合生活实际来进行知识渗透。 （3）变量说符合针对初中生进行的教学要求，并且能够为日后学习更为困难且抽象的知识作铺垫（由浅入深）。	（1）高中生相对初中生来说智力发展的更完善，知识面较为广泛。 （2）高中生对于独立于生活实际之外的抽象的学说和知识能够更好地理解。 （3）有"集合"这一知识作为铺垫。 （4）"对应说"应用的面更为广泛，能使学生的数学能力得到更全面的发展。

（四）关系说未被编入当前初级阶段教学的原因

为什么不将关系说编入当前初级阶段教学当中呢？这涉及到关系说（现代定义）的优缺点问题。

优点：

（1）把对关于"对应说"定义的外延式描述数字化，既消除了"变量说"的局限性，也明确了"对应说"中模糊的对应法则的定义。

（2）用"关系说"定义函数，容易知道函数是一个整体，不单是对应关系，还有定义域和值域。

缺点：丧失了一定的数学直观，以我们现在来说还是较难接受的，因此不适用于基础阶段的数学教育。

四、笛卡尔的故事

我们探究了函数的三种定义方式，有同学不禁产生疑问：对数学的学习究竟有什么价值呢？那下面我们先来听听笛卡尔的故事再想想吧。

1619年，笛卡尔在床上养病时，他发现天花板上的一只蜘蛛正在忙着结网，它忽而沿墙爬上爬下，忽而顺着吐丝的方向在空中缓缓移动。他这时正思索着用代数方法来解决几何完体，但遇到了一个困难，便是几何体中的点如何才能用代数中的几个数表示出来呢？

凌晨，他忽然豁然开朗：能不能用两面墙的交线，分别表示两墙面的交线和墙与天花板的交线，用一个点表示空间的蜘蛛，当然可以测出这点到三个平面的距离。这样，蜘蛛在空中的位置就可以准确地标出来。这就使得他得到了建立解析几何的线索。

后来，由这样两两互相垂直的直线所组成的坐标系就被人们称之为笛卡尔坐标系。而笛卡尔坐标系就是就是直角坐标系和斜坐标系的统称。

同学们，伟大的数学家笛卡尔因为观察到了生活中的小细节而发现了一个伟大的数学定理。相信你我也能当一位生活的留心人，说不定下一个伟大的定理会被你发现哦！

参考文献

[1] 中华人民共和国教育部．义务教育数学课程标准（2011年版）[S]．北京：北京师范大学出版社，2011．

[2] 李举兴．高中函数概念教材设计的比较研究［D］．广州：广州大学，2016．

[3] 王文娟．函数定义的三种学说及其比较研究［J］．运城师专学报，1988，(4)：45-48．

附：

本次探究活动的参与人员如下。

小组成员：周宏璋、侯博译、熊明锋、赖小杨。

友情出演：廖宇辉。

指导老师：罗美玲、梁智玲。

我们小组在PPT课件展示的环节还有精彩的数学小品，感谢周宏璋、廖宇辉两位同学的精彩表演。附小品内容如下。

小品

（一天，对应说在街上走，听见了美女彭顺芳拿它和变量说比较，嫌弃它不如变量说，不服气的它，跑到变量说家门口……）

对应说：open the door!

变量说（开门）：怎么了老兄。

对应说：彭顺芳竟然嫌弃我不如你！

变量说：哎呀，那你得多向兄弟我看齐啊，通俗易懂，形象直观，广受学生们欢迎，追我的女孩子怕是几条街都排不过来。

对应说：不会吧，不会吧，不会有人不知道我的优点比你多吧，我的适用范围要比你广得多，你更加强调的是"量"，对于"非量"的问题你是无法解决的。比如所有的三角形组成一个集合，所有的圆组成一个集合，在第一个集合的每一个三角形都可以在第二个集合中找到唯一对应的外接圆，用你可无法表示。而我对此并没有过多的限制，很自然就消除了你弊端中的仅限于量的限制，所以，如果用我比较起你只能在实数范围内使用的能力来说，不是像绝世美候比起丑陋阿辉吗，简直就是一个天一个地。

变量说：可我比你更接地气，在日常生活中，人们经常用到我，况且就算在物理这种涉及范围如此广的学科中，我还能在许多公式中发挥巨大作用，就像 $s = \dfrac{1}{2}at^2$ 这一公式一样，用我就能明显反映出位移随时间变化的规律；而你在生活中可是没有如此大的官威的。

对应说：可恶！可恶！可恶！你不为人知的缺点我清楚的很，我今天就把你爆出来，你很容易把 f，$f(x)$，还有 $y=f(x)$ 给搞混。

变量说：这三个本就很经常在试卷中混合使用，你在无中生有、凭空捏造。

对应说：这三种可是有很大区别的：

① f 是函数；

② $f(x)$ 仅指函数 f 在 x 的值是一个数或元素；

③ $y=f(x)$ 表示的是一个式子。

只有当我们了解了三者的区别以后，为了方便起见，可以有意识的混合使用，所以试卷上的可不是混合使用。你才无中生有。

变量说：但我能够清晰地反映 x 与 y 之间的变化过程. y 随 x 的变化

而变化，你呢？

对应说：你虽然强调的是变化过程，但是不足以解释一些常数函数，就像 $y=0^0$ $(x>0)$，无论它的 x 值为何值，y 始终恒为1，如果是强调变化过程的话，就会无法体现出对应规律，而我能抓住了函数的本质属性，突出每个 x 值唯一对应的 y 值，也就是说突出了两个集合间元素的对应就是函数。

变量说：哼，你一直揭我短，我也要揭你的，你对于什么是对应法则的概念是模糊不清的，尚缺少明确定义。

对应说：（无言以对）啊这……

其实我觉得吧，我们都不错，我们都各有优劣。（拥抱，下台）

第三节　函数零点存在性研究

函数零点是高中数学的重要研究对象，在教材中，定义函数 $f(x)$ 的零点就是方程 $f(x)=0$ 的根，也就是函数 $f(x)$ 的图像与 x 轴交点的横坐标。这给研究函数零点提供了两种常见的可能研究途径：

（1）要研究函数零点的存在性和个数问题，可以转化为研究方程 $f(x)=0$ 根的存在性和根的个数；

（2）可以转化为研究函数 $f(x)$ 的图像与 x 轴交点的存在性和交点个数。

一、实验1：研究二次函数 $y=ax^2+bx+c$（$a\neq 0$）在特定范围的零点

问题：求函数 $y=x^2-ax+1$ 在（0，2）上零点的个数。

（一）方案1

1. 思路

作出函数 $y=x^2-ax+1$ 在（0，2）图像，通过观察图像与 x 轴交点的情况，直接给出答案。

2. 探究步骤

（1）在指令栏输入"函数 [x^2-ax+1，0，2]"，在弹出的对话框

中设定参数 a 的范围为 $[-5,5]$，作出函数 $y=x^2-ax+1$ 在 $(0,2)$ 上的图像；

（2）拉动滑杆 a，通过观察得到：当 $a<2$ 时，函数在 $(0,2)$ 没有零点；当 $a=2$ 时，函数在 $(0,2)$ 有唯一一个零点；当 $2\leqslant a<\dfrac{5}{2}$ 时函数在 $(0,2)$ 有两个零点；当 $a\geqslant\dfrac{5}{2}$ 时，函数在 $(0,2)$ 有唯一一个零点。

3. 说明

这种方式较为直观，但如果参数 a 的分界点不是一些特殊值，要得到准确结论比较困难。

（二）方案 2

1. 思路

把研究 $y=x^2-ax+1$ 在 $(0,2)$ 零点个数转化为研究方程 $x^2-ax+1=0$ 在 $(0,2)$ 根的个数。对方程作以下变形：

由 $x^2-ax+1=0$ 得 $ax=x^2+1$，从而 $a=\dfrac{x^2+1}{x}=x+\dfrac{1}{x}$。

从而只需研究 $y=a$ 与 $y=x+\dfrac{1}{x}$ 在 $(0,2)$ 交点的个数。

2. 探究步骤

（1）在指令栏分别输入"$y=a$"与"函数$[x+1/x,0,2]$"，在弹出的对话框中设定参数 a 的范围为 $[-5,5]$，得到直线 $y=a$ 与函数 $y=x+\dfrac{1}{x}$ $(0<x<2)$ 的函数图像，作定点 $\left(2,\dfrac{5}{2}\right)$，并设置为空心点；

（2）拉动滑杆 a，通过观察得到和方案 1 相同的结论。

3. 说明

方案 2 是研究函数零点较为常用的方式，经过变形，把函数的零点问题转化为两个函数在某个范围上交点的个数问题。这种思路兼具直观性和可操作性，并且通过分离参数后，其中一个函数化为 $y=a$，其图像是一条与 y 轴垂直的直线，此时观察两个图像的交点，比较容易操作，因而这是求零点个数的一种常用方法．

（三）方案 3

1. 思路

在方案 2 的基础上，分别作出 $y=ax$ 和 $y=x^2+1$（$0<x<1$）的图像，然后通过观察两图像交点的情况，得出结论。

2. 说明

此方法和方案 2 类似，但操作难度比方案 2 大，并且在一些情况下（如直线恰好与曲线段相切时），很难通过观察得到准确结论，故只给出思路。

二、实验 2：探究分段函数零点个数

问题：已知函数 $f(x)=\begin{cases} x^2+2x, x\leq 0, \\ |\lg x|, x>0, \end{cases}$ 若函数 $g(x)=f(x)-ax$ 有零点，求实数 a 的取值范围，并求零点的个数。

1. 分析

函数 $f(x)$ 是一个分段函数，如果仿照实验 1，由 $g(x)=f(x)-ax=0$，得 $a=\dfrac{f(x)}{x}=\begin{cases} x+2, x\leq 0 \\ \dfrac{|\lg x|}{x}, x>0, \end{cases}$ 而后研究 $y=a$ 与 $y=\dfrac{f(x)}{x}$ 交点的

个数，则 $y = \dfrac{|\lg x|}{x}$ 的图像较难作出，解题受阻。但 $y = f(x)$ 与 $y = ax$ 的图像容易作出，本题可考虑通过研究 $y = f(x)$ 与 $y = ax$ 的位置关系求解。

2. 探究步骤

（1）在指令栏输入"如果 $[x < =0, x\textasciicircum 2 + 2x, abs(\lg(x))]$"，得到分段函数 $f(x)$ 的图像，设置颜色为红色；

（2）在 $y = f(x)$ 图像上任取一点 A，过点 A 和点 O（O 为坐标原点）作直线 OA，如图 4-3-1；

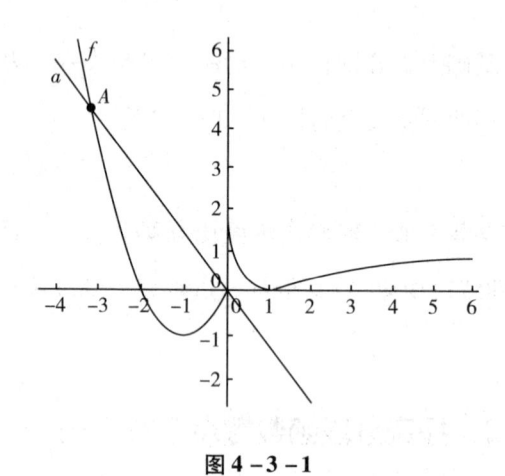

图 4-3-1

（3）测量直线 OA 的斜率，即为本题的参数 a；

（4）拉动点 A，观察 $y = f(x)$ 与 $y = ax$ 图像交点及对应的 a 的取值范围。

可以发现，当 $a < 0$ 时，两图像恒有 2 个交点，当 $a = 0$ 时，有 3 个交点；

当直线与 $y = \lg x$ 相切时，设切点为 $(x_0, \lg x_0)$，由 $\dfrac{1}{x_0 \ln 10} = \dfrac{\lg x_0}{x_0}$，得 $x_0 = e$，故相切时 $a = \dfrac{1}{e}\lg e$，所以当 $0 < a < \dfrac{1}{e}\lg e$ 时，有 5 个交点；当 $a =$

$\frac{1}{e}$lge 时，有 4 个交点；当 $a > \frac{1}{e}$lge 时，有 3 个交点。

三、实验3：函数零点综合探究

问题：已知函数 $f(x) = -x^2 - 2x$，$g(x) = \begin{cases} x + \frac{1}{4x}, & x > 0, \\ x + 1, & x \leq 0, \end{cases}$ 若方程 $g(f(x)) = a$ 有 4 个实数根，求实数 a 的取值范围。

1. 分析

从数学求解角度看，本题具有较大难度，原因在于无法直接作出函数 $y = g(f(x))$ 的图像，但这个问题在 GGB 数学实验中却不是难题，只要能给出函数解析式，GGB 通常都能作出对应的函数图像。

2. 探究步骤

（1）在 GGB 指令栏内输入 "$f(x) = -x^2 - 2x$"，作出 $f(x) = -x^2 - 2x$ 的图像，设置颜色为绿色；

（2）在指令栏输入 "如果 [$x > 0, x + 1/(4x), x + 1$]"，得到 $g(x) = \begin{cases} x + \frac{1}{4x}, & x > 0, \\ x + 1, & x \leq 0, \end{cases}$ 的图像，设置颜色为蓝色；

（3）在指令栏输入 "$g(f(x))$"，得到 $y = g(f(x))$ 的图像，设置颜色为红色，并适当加粗；

（4）作直线 $y = a$，设置颜色为黄色，并适当加粗；

（5）拉动滑杆 a，观察直线 $y = a$ 与 $y = g(f(x))$ 的图像交点的情况。

可以得到大致答案：当 $a < 1$ 时，两图像只有 2 个交点；当 $1 \leq a < 1.25$ 时，有 4 个交点；当 $a = 1.25$ 时，有 3 个交点；当 $a > 1.25$ 时，有 2

个交点。

下面给出数学求解：

考虑到如果没有借助数学软件，人工无法直接做出 $y=g(f(x))$ 的图像，对这个问题采用变通处理。

令 $f(x)=t$，则有 $t=-x^2-2x=-(x+1)^2+1\leqslant 1$，根据函数 $t=-x^2-2x$ 图像为开口向下的抛物线这一特点，得到：任意的 $t<1$，都对应着两个不相等的实数 x；$t=1$，只对应着一个实数 $x=-1$；当 $t>1$ 时，没有实数 x 与之对应。因而，要使得方程 $g(f(x))=a$ 有 4 个实数根，即是要求方程 $g(t)=a$ 要有两个小于 1 的实数解，即要求 $y=g(t)$ 与 $y=a$ 两图像在 $(-\infty,1)$ 要有 2 个交点。作出函数 $y=g(t)(t<1)$ 的图像，由图像可知，当 $1\leqslant a<\dfrac{5}{4}$ 时，符合题意。

3. 说明

要作复合函数 $f(g(x))$ 的图像，可依次在指令栏输入 $f(x)$，$g(x)$ 的解析式，然后在指令栏输入"$f(g(x))$"即可得到其图像。

第四节　探究函数图像的对称性

我们学习了函数 $y = f(x)$ 的奇偶性后，知道奇函数 $y = f(x)$ 的图像关于原点中心对称，偶函数 $y = f(x)$ 的图像关于 y 轴对称。如果将函数 $y = f(x)$ 图像的对称中心点 (a, b)（或对称轴直线 $x = a$）移至原点（或移至 y 轴），那么所得的函数 $y = g(x)$ 与函数 $y = f(x)$ 解析式有什么关系呢？函数 $y = g(x)$ 有奇偶性吗？我们可以应用函数的奇偶性来探究函数图像的中心对称和轴对称问题。

一、探究活动 1

我们知道函数 $y = f(x)$ 的图像关于原点中心对称的充要条件是函数 $y = f(x)$ 为奇函数，可推广为：函数 $y = f(x)$ 的图像关于点 (a, b) 中心对称的充要条件是函数 $g(x) = f(x + a) - b$ 为奇函数。你能证明这一推广结论吗？

答：

充分性证明如下：

∵ 函数 $y = f(x)$ 的图像关于点 (a, b) 中心对称，

∴ 函数 $y = f(x)$ 的图像上任取一点 $P(x + a, f(x + a))$ 关于点 (a, b) 对称的点 $Q(-x + a, f(-x + a))$，即 $f(-x + a) + f(x +$

$a) = 2b$,

整理得 $f(-x+a) - b + f(x+a) - b = 0$，即 $g(-x) + g(x) = 0$，

∴ 由奇函数定义可知函数 $g(x) = f(x+a) - b$ 为奇函数。

必要性证明如下：

∵ 定义域为 I 的函数 $g(x) = f(x+a) - b$ 为奇函数，

∴ $\forall x \in I$，都有 $g(-x) = -g(x)$，即 $f(-x+a) - b = -(f(x+a) - b)$，

整理得 $f(-x+a) + f(x+a) = 2b$。

不妨令 $x_1 = -x+a$，$x_2 = x+a$，$y_1 = f(x_1) = f(-x+a)$，$y_2 = f(x_2) = f(x+a)$，

则有 $\begin{cases} x_1 + x_2 = 2a, \\ y_1 + y_2 = f(x_1) + f(x_2) = f(-x+a) + f(x+a) = 2b, \end{cases}$

∴ 点 $P(x+a, f(x+a))$、点 $Q(-x+a, f(-x+a))$ 是函数 $y = f(x)$ 的图像上任意一对点，且这两点关于点 (a, b) 对称。

∴ 函数 $y = f(x)$ 的图像关于点 (a, b) 中心对称。

二、探究活动 2

你能应用上述推论求函数 $f(x) = x^3 + 3x^2$ 图像的对称中心吗？

答：

我们在画函数 $f(x) = x^3 + 3x^2$ 图像的时候可以直观分析得到该函数是中心对称图形，不妨设函数 $f(x) = x^3 + 3x^2$ 图像关于点 (a, b) 对称，则函数 $g(x) = f(x+a) - b$ 是奇函数，

∴ $g(x) + g(-x) = 0$，即 $f(x+a) + f(-x+a) = 2b$，

$\therefore (x+a)^3 + 3(x+a)^2 + (-x+a)^3 + 3(-x+a)^2$

$= x^3 + 3ax^2 + 3a^2x + a^3 + 3x^2 + 6ax + 3a^2 - x^3 + 3ax^2 - 3a^2x + a^3 + 3x^2 - 6ax + 3a^2$

$= (6a+6)x^2 + 2a^3 + 6a^2 = 2b,$

$\therefore \begin{cases} 6a+6=0, \\ 2a^3+6a^2=2b, \end{cases}$ 解得 $\begin{cases} a=-1, \\ b=2, \end{cases}$

$\therefore$ 函数 $f(x) = x^3 + 3x^2$ 图像关于点 $(-1,2)$ 对称。

三、探究活动 3

类比奇函数的充要条件的推广结论，写出"函数 $y=f(x)$ 的图像关于 y 轴对称的充要条件是函数 $y=f(x)$ 为偶函数"的一个推广结论，并给予证明。

答：

函数 $y=f(x)$ 的图像关于 y 轴对称的充要条件是函数 $y=f(x)$ 为偶函数，可推广为：函数 $y=f(x)$ 的图像关于直线 $x=a$ 对称的充要条件是函数 $g(x) = f(x+a)$ 为偶函数。

充分性证明如下：

$\because$ 函数 $y=f(x)$ 的图像关于直线 $x=a$ 对称，

$\therefore$ 在函数 $y=f(x)$ 的图像上任取一点 $P(x+a, f(x+a))$，关于直线 $x=a$ 对称的点 $Q(-x+a, f(-x+a))$，且 $f(-x+a) = f(x+a)$，

即 $g(-x) = g(x)$，

$\therefore$ 由偶函数定义可知函数 $g(x) = f(x+a)$ 为偶函数。

必要性证明如下：

∵ 定义域为 I 的函数 $g(x) = f(x + a)$ 为偶函数，

∴ $\forall x \in I$，都有 $g(-x) = g(x)$，即 $f(-x + a) = f(x + a)$。

不妨令 $x_1 = -x + a$，$x_2 = x + a$，$y_1 = f(x_1) = f(-x + a)$，$y_2 = f(x_2) = f(x + a)$，

则有 $\begin{cases} x_1 + x_2 = 2a, \\ y_1 = y_2, \end{cases}$

∴ 点 $P(x + a, f(x + a))$、点 Q 是 $(-x + a, f(-x + a))$ 函数 $y = f(x)$ 的图像上任意一对点，且这两点关于直线 $x = a$ 对称。

∴ 函数 $y = f(x)$ 的图像关于直线 $x = a$ 对称。

四、探究活动 4

你能应用上述推论求函数 $f(x) = \ln(x^2 - 2x)$ 图像的对称轴吗？

答：

函数 $f(x) = \ln(x^2 - 2x)$ 是由函数 $t = x^2 - 2x$ 和 $y = \ln t$ 复合而成的复合函数，由 $t = x^2 - 2x > 0$ 可得函数 $f(x) = \ln(x^2 - 2x)$ 的定义域 $D = (-\infty, 0) \cup (2, +\infty)$，由于函数 $t = x^2 - 2x$ （$x \in (-\infty, 0) \cup (2, +\infty)$）图像的对称轴方程为 $x = 1$，可以推断函数 $f(x) = \ln(x^2 - 2x)$ 图像的对称轴方程为 $x = 1$。

证明如下：

∵ 函数 $f(x) = \ln(x^2 - 2x)$ 的图像关于直线 $x = 1$ 对称等价于函数 $g(x) = f(x + 1)$ 是偶函数，

∴ 函数 $g(x) = f(x + 1) = \ln[(x + 1)^2 - 2(x + 1)] = \ln(x^2 - 1)$，

其定义域 $D = (-\infty, -1) \cup (1, +\infty)$ 关于原点对称，

又 $g(-x) = \ln[(-x)^2 - 1] = \ln(x^2 - 1) = g(x)$，

∴ $g(x) = f(x+1)$ 是偶函数。

由 $g(-x) = g(x)$ 可得 $f(-x+1) = f(x+1)$，

∴ 函数 $f(x) = \ln(x^2 - 2x)$ 的图像关于直线 $x = 1$ 对称。

五、探究活动 5

通过查阅图书或浏览网页，你还能写出哪些有关函数 $f(x)$ 所满足的关系式，使函数 $f(x)$ 的图像具有对称中心或对称轴。

有关对称性的常用结论归纳整理如下：

（1）函数 $y = f(x)(x \in D)$ 图像自身的轴对称。

① $\forall x \in D$，都有 $f(-x) = f(x) \Leftrightarrow$ 函数 $y = f(x)$ 的图像关于 y 轴对称；

② 函数 $y = f(x)$ 的图像关于直线 $x = a$ 对称 $\Leftrightarrow \forall x \in D$，都有 $f(a-x) = f(a+x) \Leftrightarrow \forall x \in D$，都有 $f(2a-x) = f(x) \Leftrightarrow \forall x \in D$，都有 $f(-x) = f(2a+x)$；

③ $\forall x \in D$，都有 $f(a-x) = f(b+x) \Leftrightarrow$ 函数 $y = f(x)$ 的图像关于直线 $x = \dfrac{a+b}{2}$ 对称。

（2）函数 $y = f(x)(x \in D)$ 图像自身的中心对称。

① $\forall x \in D$，都有 $f(-x) = -f(x) \Leftrightarrow$ 函数 $y = f(x)$ 的图像关于原点对称；

② 函数 $y = f(x)$ 的图像关于点 $(a, 0)$ 对称 $\Leftrightarrow \forall x \in D$，都有 $f(a-x) + f(a+x) = 0 \Leftrightarrow \forall x \in D$，都有 $f(2a-x) + f(x) = 0 \Leftrightarrow \forall x \in D$，都有 $f(-x) + f(2a+x) = 0$；

③ 函数 $y=f(x)$ 的图像关于点 (a,b) 对称 $\Leftrightarrow \forall x \in D$，都有 $f(a-x)+f(a+x)=2b \Leftrightarrow \forall x \in D$，都有 $f(2a-x)+f(x)=2b \Leftrightarrow \forall x \in D$，都有 $f(-x)+f(2a+x)=2b$；

④ $\forall x \in D$，都有 $f(a-x)+f(b+x)=c \Leftrightarrow$ 函数 $y=f(x)$ 的图像关于点 $\left(\dfrac{a+b}{2}, \dfrac{c}{2}\right)$ 对称。

第五节　探究函数 $y = x + \dfrac{1}{x}$ 的图像与性质

初中我们学习了正比例函数 $y = x$ 和反比例函数 $y = \dfrac{1}{x}$。学习了幂函数后，我们知道它们都是幂函数。不同的幂函数通过加、减、乘、除运算可以构成新的函数。那么，将这两个函数相加构成的函数有哪些性质？这些性质与这两个函数的性质有联系吗？

一、探究活动 1

你认为可以从哪些方面研究这个函数？

答：

从函数的定义角度来看，我们要研究函数三要素——定义域、对应关系（解析式和图像）、值域；从函数性质角度来看，我们要研究函数的单调性、奇偶性。

二、探究活动 2

你认为可以按照怎样的路径研究这个函数？

答：

我们依据函数的解析式 $y = x + \dfrac{1}{x}$，先求出函数的定义域和值域；再依据定义判断函数的单调性和奇偶性；将要素和性质研究清楚后，再运用描点连线的方法画出函数 $y = x + \dfrac{1}{x}$ 的图像；最后结合图像归纳总结函数 $y = x + \dfrac{1}{x}$ 的性质。

三、探究活动3

按照你构建的路径研究你想到的问题。

答：

（1）由函数的解析式 $y = x + \dfrac{1}{x}$ 可知定义域为 $\{x \mid x \neq 0\}$ 和值域 $y \in (-\infty, -2] \cup [2, +\infty)$。值域可以用基本不等式证明。

证明如下：

当 $x > 0$ 时，$x + \dfrac{1}{x} \geq 2\sqrt{x \cdot \dfrac{1}{x}} = 2$，当且仅当 $x = \dfrac{1}{x}$ 即 $x = 1$ 时取得等号；$x < 0$ 时，$-x > 0$，$-x + \dfrac{1}{-x} \geq 2\sqrt{-x \cdot \dfrac{1}{-x}} = 2$，当且仅当 $-x = \dfrac{1}{-x}$ 即 $x = -1$ 时取得等号。

$\therefore x + \dfrac{1}{x} = -\left(-x + \dfrac{1}{-x}\right) \leq -2$，当且仅当 $x = -1$ 时取得等号。

综上可得函数 $y = x + \dfrac{1}{x}$ 值域 $y \in (-\infty, -2] \cup [2, +\infty)$。

（2）再依据定义判断函数的单调性和奇偶性。

因为奇函数 $f(x)$ 在 $[a, b]$ 和 $[-b, -a]$ 单调性相同，偶函数 $f(x)$ 在 $[a, b]$ 和 $[-b, -a]$ 单调性相异，所以我们先讨论函数的奇偶性更容易判断出函数的单调性。证明如下：

∵ 函数 $y = x + \dfrac{1}{x}$ 定义域 $\{x | x \neq 0\}$ 关于原点对称，

且 $f(-x) = -x + \dfrac{1}{-x} = -\left(x + \dfrac{1}{x}\right) = -f(x)$，

∴ 函数 $y = x + \dfrac{1}{x}$ 是奇函数。

因此，我们只要判断函数 $f(x) = x + \dfrac{1}{x}$ 在区间 $(0, +\infty)$ 的单调性，就容易判断在区间 $(-\infty, 0)$ 的单调性。又当 $x > 0$ 时，$x + \dfrac{1}{x} \geq 2\sqrt{x \cdot \dfrac{1}{x}} = 2$，当且仅当 $x = \dfrac{1}{x}$ 即 $x = 1$ 时取得等号，我们发现函数 $f(x) = x + \dfrac{1}{x}$ 在区间 $(0, +\infty)$ 上，当 $x = 1$ 时有最小值 2，我们推断函数 $f(x) = x + \dfrac{1}{x}$ 在区间 $(0, 1)$ 上单调递减，在区间在区间 $(1, +\infty)$ 上上单调递增。证明如下：

∵ $\forall x_1, x_2 \in (0, 1)$，且 $x_1 < x_2$，

∴ $f(x_1) - f(x_2) = x_1 + \dfrac{1}{x_1} - \left(x_2 + \dfrac{1}{x_2}\right) = x_1 - x_2 + \left(\dfrac{1}{x_1} - \dfrac{1}{x_2}\right)$

$= x_1 - x_2 + \dfrac{x_2 - x_1}{x_1 x_2} = (x_2 - x_1)\left(\dfrac{1}{x_1 x_2} - 1\right)$

$= (x_2 - x_1) \dfrac{1 - x_1 x_2}{x_1 x_2}$。

又∵ $\forall x_1, x_2 \in (0, 1)$，且 $x_1 < x_2$，∴ $x_2 - x_1 > 0$，$0 < x_1 x_2 < 1$，$1 - x_1 x_2 > 0$，

∴ $f(x_1) - f(x_2) > 0$，即 $f(x_1) > f(x_2)$，

函数 $f(x) = x + \frac{1}{x}$ 在区间（0，1）上单调递减。

同理可证函数 $f(x) = x + \frac{1}{x}$ 在区间（1，+∞）上单调递增。

所以奇函数 $f(x) = x + \frac{1}{x}$ 在区间（-1，0）和（0，1）上单调递减，在区间（-∞，-1）和（1，+∞）上单调递增。

四、探究活动4

你能画出这个函数的图像吗？

答：

奇函数 $f(x) = x + \frac{1}{x}$ 在区间（0，1）上单调递减，在区间（1，+∞）上上单调递增，函数 $f(x) = x + \frac{1}{x}$ 在区间（0，+∞）上，当 $x = 1$ 时有最小值2。因此，我们可以列表描点连线的方法画出函数 $y = x + \frac{1}{x}$ 的图像。

列表如下（见表4-5-1）：

表4-5-1

x	……	$\frac{1}{5}$	$\frac{1}{4}$	$\frac{1}{3}$	$\frac{1}{2}$	$\frac{2}{3}$	1	$\frac{3}{2}$	2	3	4	5	……
$y = x + \frac{1}{x}$	……	$\frac{26}{5}$	$\frac{17}{4}$	$\frac{10}{3}$	$\frac{5}{2}$	$\frac{13}{6}$	2	$\frac{13}{6}$	$\frac{5}{2}$	$\frac{10}{3}$	$\frac{17}{4}$	$\frac{26}{5}$	……

则画出函数 $y = x + \frac{1}{x}$ 的图像（见图4-5-1）。

图 4-5-1

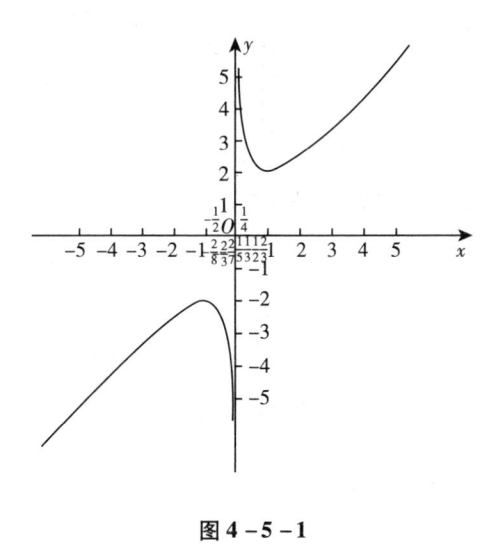

五、探究活动 5

函数 $y = x + \dfrac{1}{x}$ 的图像有什么变化趋势？你能利用函数 $y = x$ 和 $y = \dfrac{1}{x}$ 的图像变化趋势说明函数 $y = x + \dfrac{1}{x}$ 的图像变化趋势吗？

答：

用列表描点法画出函数 $y = x + \dfrac{1}{x}$ 的图像（见图 4-5-1），与计算机作图（见图 4-5-2）的变化趋势基本一致，能体现出奇函数 $f(x) = x + \dfrac{1}{x}$ 定义域为 $\{x | x \neq 0\}$ 和值域 $y \in (-\infty, -2] \cup [2, +\infty)$、在区间 $(-1, 0)$ 和 $(0, 1)$ 上单调递减、在区间 $(-\infty, -1)$ 和 $(1, +\infty)$ 上单调递增、图像关于原点对称等这些要素和基本性质，但较计算及作图而言，图 4-5-1 未能明确体现函数图像的两条渐近线分别是 y 轴和直线 $y = x$。

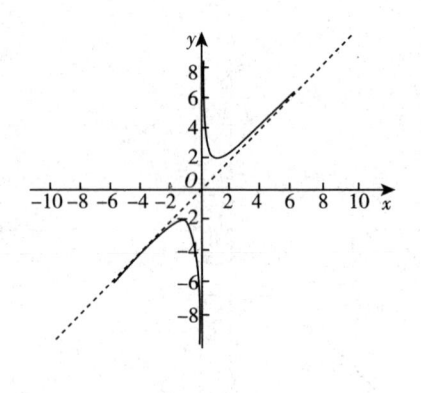

图 4-5-2

由图 4-5-2，我们发现函数 $y = x + \dfrac{1}{x}$ 的图像变化趋势与函数 $y = x$ 和 $y = \dfrac{1}{x}$ 的图像变化趋势相关。因为函数 $y = \dfrac{1}{x}$ 的图像具有两条渐近线分别是 y 轴和 x 轴，又由于函数 $y = x + \dfrac{1}{x}$ 是由函数 $y = x$ 和 $y = \dfrac{1}{x}$ 相加得到的，函数 $y = x + \dfrac{1}{x}$ 的图像保持两条渐近线分别是 y 轴和直线 $y = x$。

比较函数 $f(x) = x + \dfrac{1}{x}$ 与函数 $g(x) = x$ 的图像高低，我们可以转化为证明不等式。如 $f(x) - g(x) = \left(x + \dfrac{1}{x}\right) - x = \dfrac{1}{x} > 0 (x > 0)$，且当 $x \to +\infty$ 时，$f(x) - g(x) = \dfrac{1}{x} \to 0$，这就是说在第一象限函数 $f(x) = x + \dfrac{1}{x}$ 比函数 $g(x) = x$ 的图像高，且随着自变量 x 增大，$f(x)$ 与 $g(x)$ 的函数值越来越接近，但永远保持 $f(x) > g(x)$；又因为 $f(x) - g(x) = \left(x + \dfrac{1}{x}\right) - x = \dfrac{1}{x} < 0 (x < 0)$，且当 $x \to -\infty$ 时，$f(x) - g(x) = \dfrac{1}{x} \to 0$，这就是说在第三象限函数 $f(x) = x + \dfrac{1}{x}$ 比函数 $g(x) = x$ 的图像低，且随

着自变量 x 增大，$f(x)$ 与 $g(x)$ 的函数值越来越接近但永远保持 $f(x) < g(x)$，因此函数 $y = x + \dfrac{1}{x}$ 的图像的一条渐近线是直线 $y = x$。

当 $x > 0$，且 $x \to 0$ 时，$f(x) \to +\infty$；当 $x < 0$，且 $x \to 0$ 时，$f(x) \to -\infty$，所以函数 $y = x + \dfrac{1}{x}$ 的图像的另一条渐近线是 y 轴。

六、探究活动 6

通过对函数 $y = x + \dfrac{1}{x}$ 的图像与性质的探究，你有哪些体会？

答：

通过对函数 $y = x + \dfrac{1}{x}$ 的图像与性质的探究，我们更能体会到所有函数的学习路径都是一致的，研究函数的三要素（解析式或图像、定义域、值域）和性质（单调性、奇偶性、周期性），然后画图，数形结合又可以反过来梳理函数的要素和性质，如根据图像我们易知函数 $y = x + \dfrac{1}{x}$ 的值域 $y \in (-\infty, -2] \cup [2, +\infty)$。而函数的性质探究过程中，我们发现奇偶性和单调性是相辅相成的，通过奇偶性更易判断单调性，从而用单调性来求函数的值域。

另外，我们学习了一次函数、二次函数、反比例函数、幂函数、指数函数、对数函数和三角函数后，通过加、减、乘、除运算，可以得到更多的函数，而这些新函数的研究路径都是一样的。比如 $y = x - \dfrac{1}{x}$，有兴趣的同学也可以试一试。

第六节 "对勾函数"与"飘带函数"拓展研究

函数 $y = x + \dfrac{1}{x}$ 是高中常见的函数，其图像通常称为"对勾"。如果拓展开来，形如 $y = ax + \dfrac{b}{x}$（$ab \neq 0$）的函数图像又是什么样的？它们又将具有什么样的性质？本节将对它进行探究。

一、实验1：$y = ax + \dfrac{b}{x}$（$ab \neq 0$）的函数图像类型研究

1. 探究步骤

（1）在指令栏内输入"$y = ax + b/x$"，设定参数 a，b 的范围为默认范围；

（2）单击文本工具，在编辑框内输入"$a > 0$"，单击确定。而后右键单击属性，在属性"高级"的显示条件输入 $a > 0$，并对字体颜色和字号进行设置。用同样的方法设置 $b > 0$；$a < 0$，$b < 0$；

（3）分别右键单击滑杆 a，b，在右键菜单中选定"开启动画"，则 a，b 的数值会自动改变，函数图像也随之改变．共可得到 $y = ax + \dfrac{b}{x}$（$ab \neq 0$）的四种图像类型（见图 4-6-1），其中图 4-6-1

(a)、图4-6-1（b）被称为"对勾",图4-6-1（c）、图4-6-1（d）形似两根飘动的带子,称之为"飘带"。

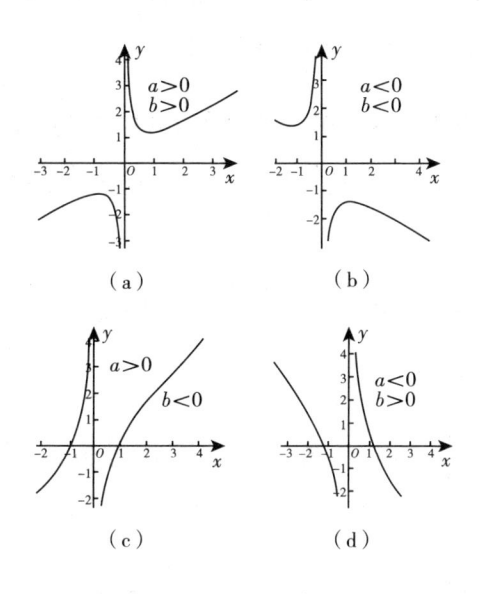

(a)

(b)

(c)

(d)

图 4-6-1

2. 说明

步骤2的目的是让课件根据 a,b 的数值,自动显示 a,b 的取值范围,这在GGB中被称为自动文本,自动文本在课件制作中是一种很有用的工具。

二、实验2：探究 $y = x + \dfrac{a}{x}$ （$a>0$）在 $[1,2]$ 的最小值

（1）设置参数 a 的范围为 $[0.01,8]$；

（2）在指令栏输入"$y=x+a/x$",作出 $y = x + \dfrac{a}{x}$（$a>0$）图像,设置线型为虚线；

（3）在指令栏输入"函数$[x+a/x,1,2]$",作出 $y = x + \dfrac{a}{x}$（$a>$

0) 在 [1, 2] 的图像, 设置颜色为红色, 线径适当加粗;

(4) 拉动滑杆 a, 即可研究 $y = x + \dfrac{a}{x}$ ($a > 0$) 在 [1, 2] 的最小值。

研究结论: 当 $0 < a < 1$ 时, 函数在 $x = 1$ 取得最小值; 当 $1 \leq a \leq 4$ 时, 函数在 $x = \sqrt{a}$ 取得最小值; 当 $a > 4$ 时, 函数在 $x = 2$ 取得最小值。

【拓展研究 1】

探究 $y = x + \dfrac{a}{x}$ ($a > 0$) 在 [1, 2] 的最大值。

【拓展研究 2】

探究 $y = ax + \dfrac{1}{x}$ ($a > 0$) 在 [1, 2] 的最小值。

【拓展研究 3】

探究 $y = ax + \dfrac{1}{x}$ ($a > 0$) 在 [1, 2] 的最大值。

以上拓展研究方法与实验 2 类似, 读者可自行研究。

三、实验 3: 探究函数 $y = x - \dfrac{a}{x}$ ($a > 0$) 图像上两点 (两点各在一支) 间距离最小值

1. 分析

函数 $y = x - \dfrac{a}{x}$ ($a > 0$) 图像关于坐标原点对称, 因而从图像直观上可以看出, 只有当两点恰好关于坐标原点对称时, 它们的距离才有可能最短。因而本题只需研究坐标原点到图像上的点的最小值。

为简化问题的研究过程, 首先对 a 取特殊值 1, 2, 4 进行研究。

2. 探究步骤

(1) 设置参数 a, 取值范围为 [0.01, 5];

（2）在指令栏输入"$y = x - a/x$"，得到函数 $y = x - \dfrac{a}{x}$（$a > 0$）图像；

（3）在所得函数图像上任取一点 A，连接 OA，并测量 OA 的距离；

（4）拉动滑杆 a，使 $a = 1$；

（5）拉动点 A，观察 $|OA|$ 的最小值，及取得最小值时的点 A 坐标；

（6）重复步骤 4，5，分别得到 $a = 2$，$a = 4$ 时的最小值及对应的点 A 坐标；

（7）分析以上三种情形的最小值及对应的点 A 坐标，试图找出规律，并加以证明。

3. 说明

（1）从特殊到一般是数学研究的常用方法，应该说明的是，有些时候，数学实验受测量精度等因素的影响，得到的结论只能称之为猜想，最后的数学结论必须从推理上给予严格证明。

（2）要求出 OA 的最小值并不难，通过建立 OA 距离的函数关系式即可求解，本处不再赘述。有兴趣的读者，可以在本例的基础上设定函数 $y = x - \dfrac{a}{x}$（$a > 0$）的定义域，然后再研究距离的最小值。

四、实验4："对勾"函数综合探究

已知 $x > 0$，$y > 0$，$x + 3y + xy = 9$，求 $x + 3y$ 的最小值。

1. 分析

由 $x + 3y + xy = 9$ 可得 $y = \dfrac{9 - x}{x + 3} = \dfrac{-x - 3 + 12}{x + 3} = -1 + \dfrac{12}{x + 3}$（$x > 0$）。

由 $y > 0$ 可得 $\dfrac{9 - x}{x + 3} > 0$，$\therefore -3 < x < 9$。

综上，可得 $x>0$，$y>0$，$x+3y+xy=9$ 的本质就是一段双曲线图像：$y=-1+\dfrac{12}{x+3}$ $(0<x<9)$。

而如果设 $x+3y=a$，则 $y=-\dfrac{1}{3}x+\dfrac{a}{3}$，

由此，可在GGB中作出 $y=-1+\dfrac{12}{x+3}$ $(0<x<9)$ 和 $y=-\dfrac{1}{3}x+\dfrac{a}{3}$ 的图像，观察两图像有交点时 a 的最小值（此时 $y=-\dfrac{1}{3}x+\dfrac{a}{3}$ 在 y 轴上的截距也取得最小值）。

2. 探究步骤

（1）在GGB指令栏内输入"函数［（9-x）／（x+3），0，9］"，作出 $y=-1+\dfrac{12}{x+3}$ $(0<x<9)$ 的图像；

（2）作出直线 $y=-\dfrac{1}{3}x+\dfrac{a}{3}$，设定参数 a 的范围为 ［-5，10］；

（3）拉动滑杆 a，观察两图像有交点时，a 能取到的最小值。

经观察，可以得到两图像有交点时，$\dfrac{a}{3}$ 的最小值约为2，故 a 的最小值约为6。

3. 数学求解过程

下面给出严格的数学求解：

（1）方案1

由已知得 $x+3y=9-xy$，

因为 $x>0$，$y>0$，所以 $x+3y\geqslant 2\sqrt{3xy}$，

所以 $3xy\leqslant\left(\dfrac{x+3y}{2}\right)^2$，当且仅当 $x=3y$，即 $x=3$，$y=1$ 时取等号，即

$x+3y=9-xy \geqslant 9-\dfrac{1}{3}\left(\dfrac{x+3y}{2}\right)^{2}$,

整理得 $(x+3y)^{2}+12(x+3y)-108 \geqslant 0$，

令 $x+3y=t$，则 $t>0$ 且 $t^{2}+12t-108 \geqslant 0$，

得 $t \geqslant 6$，即 $x+3y$ 的最小值为 6，此时 $x=3$，$y=1$。

（2）方案 2

由本题的探究步骤可知：当直线 $y=-\dfrac{1}{3}x+\dfrac{a}{3}$ 与曲线段 $y=-1+\dfrac{12}{x+3}$ $(0<x<9)$ 相切时，a 取得最小值。

设相切时切点为 (x_{0}, y_{0})，

由 $y=-1+\dfrac{12}{x+3}$ 得 $y'=\dfrac{-12}{(x+3)^{2}}$

所以 $y'|_{x=x_{0}}=\dfrac{-12}{(x_{0}+3)^{2}}=-\dfrac{1}{3}$ 得 $x_{0}=3$ 或 $x_{0}=-9$（舍去）。

从而得切点为 (3, 1)，把 (3, 1) 代入 $x+3y=a$，得 $a=6$。

故本题答案为 $a=6$。

第七节　利用计算机技术探究函数图像及性质

一、学生活动流程

（1）组建团队，队内工作安排：确认组长、分配工作、确定调研方向等。

（2）下载几何画板或超级画板，可使用教师办公室电脑或指导老师电脑（经老师同意），超级画板、几何画板二选一，根据学生研学手册，自学该软件，要求组内所有成员都要学会该软件的基本操作，如有不懂的，咨询指导老师。

（3）开展课题研究学习，合作完成《研究性学习活动》表格。

（4）合作完成成果PPT，并推选出一人讲解5~6分钟的成果。

二、研究过程

前期调研→讨论、确定问题→实验阶段→后期修正、补充。

（1）让学生自主组建团队。

（2）下载几何画板或超级画板，指导教师指导学生会使用几何画板或超级画板。

（3）指导学生填写研究性学习活动表格。

（4）以竞赛的形式进行，着重指导学生完成这个任务，学生可申请使用办公室电脑。自习课录制展示成果，用 PPT 形式，时间为 5～10 分钟。

三、研究成果

计算机作图如图 4-7-1 所示，由函数 $f(x) = ax + \dfrac{b}{x}$ $(a>0, b>0)$ 的图像变化趋势可知，图像关于原点对称，$f(x) = ax + \dfrac{b}{x}$ $(a>0, b>0)$ 是奇函数，$f(x) = ax + \dfrac{b}{x}$ $(a>0, b>0)$ 定义域为 $\{x \mid x \neq 0\}$ 和值域 $y \in (-\infty, -2\sqrt{ab}] \cup [2\sqrt{ab}, +\infty)$，在区间 $\left[-\sqrt{\dfrac{b}{a}}, 0\right)$ 和 $\left(0, \sqrt{\dfrac{b}{a}}\right]$ 上单调递减，在区间 $\left(-\infty, -\sqrt{\dfrac{b}{a}}\right]$ 和 $\left[\sqrt{\dfrac{b}{a}}, +\infty\right)$ 上单调递增，函数图像的两条渐近线分别是 y 轴和直线 $y = ax$。

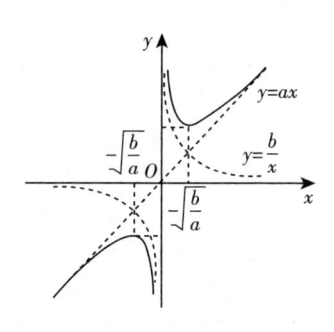

图 4-7-1

（1）超级画板画 $y = ax + b/x$ 图像的步骤。

S1：建立变量 a，b。

S2：建立一次函数 $y = a*x + b/x$。

(2) 几何画板画 $y = ax + b/x$ 的步骤。

S1：执行"图表/定义坐标系"命令，打开坐标轴（通过删除坐标轴可删除坐标系，拖动单位点可缩放坐标系）。

S2：在 X 轴的负半轴上作两点，作过此两点垂直于 X 轴的直线。

S3：在垂直线各取一点，度量其纵坐标，通过修改度量结果的标签修改参数名为 a，b。

S4：通过"图表/绘制新函数"命令作函数的图像，其中参数 a，b 的输入可直接单击度量结果得到。

S5：通过拖动产生参数的三个点改变函数。

附：

以下为课题"利用计算机技术探究函数图像及性质"完成情况的表格填写（见表 4-7-1）。

表 4-7-1

1. 课题名称	利用计算机技术探究函数图像及性质 以 $y = ax + \dfrac{b}{x}$（$a>0$，$b>0$）函数为例
2. 课题组成员及分工	组长：丘森文（负责全面工作，与老师沟通，带领组员进行超级画板知识的学习，安排协调组员分工合作） 成员：黄熠、钟梓轩（负责超级画板界面操作） 古研玲、谢明佳（负责整理资料、制作 PPT 并进行最后展示） 指导老师：张纯，梁智玲
3. 选题的意义 高中是学生提升数学能力、锻炼数学思维的关键时期，但高中内容对学生逻辑思维、空间想象要求较高，学生学习有一定困难。随着计算机技术发展，为高中数学教学带来一定的帮助，几何画板、超级画板操作简单，可准确且生动的描绘图像，便于学生更为直观的观察，有助于学生理解。本课题以函数 $y = ax + b/x$（$a>0$，$b>0$）为例，利用计算机技术描绘函数图像、分析函数性质	

续 表

4. 研究计划（包括对选题的分析、解决问题的思路等）
（1）你认为可以从哪些方面研究这个函数？
从函数的定义角度来看，我们要研究函数三要素——定义域、对应关系（解析式和图像）、值域；从函数性质角度来看，我们要研究函数的单调性、奇偶性。
（2）你认为可以按照怎样的途径研究这个函数？
我们依据函数的解析式 $f(x)=ax+\dfrac{b}{x}$ $(a>0,b>0)$，应用超级画板画出函数 $f(x)=ax+\dfrac{b}{x}$ $(a>0,b>0)$ 的图像；再结合图像归纳总结函数 $y=x+\dfrac{1}{x}$ 的性质；最后用代数方法求出函数的定义域和值域，并依据定义判断函数的单调性和奇偶性，将要素和性质研究清楚

5. 收获与体会
通过超级画板对函数 $y=ax+\dfrac{b}{x}$ 的图像的研究，既探究函数图像及性质，又积累了使用信息技术自主学习数学的经验；在团队合作中，学习了小伙伴使用信息技术的方法，收获了与老师、同学交流讨论数学问题的乐趣，激发了自主学习数学的热情

6. 对此研究的评价（由评价小组或老师填写）
通过老师指导学生学习超级画板或几何画板，学生能熟练掌握超级画板或几何画板的基本使用。信息技术的使用让学生有更充分的自主学习空间，在查找信息、整理分析、归纳总结等方面的交流合作中，同学们既对信息技术充满好奇和探索欲，又有思维的碰撞和交流合作的愉悦；在老师指导方面，对于学生不了解的知识或思想方法，既鼓励学生敢于、善于提出问题，也要细心指导信息技术的使用方法和步骤，并帮助他们在超级画板使用过程中修正一些错误

第五章
几何与代数探究性学习

第一节 探究点到直线距离公式的推导方法

点到直线的距离公式的推导方法很多,在对公式的探索过程中,要把新、旧知识联系起来,领悟蕴含于公式推导中的重要数学思想和方法。在此给大家梳理了其中的九种方法,希望帮助大家进行记忆和理解。

注:由于特殊形式的直线方程求距离比较简单,在这里研究直线的一般形式,即直线的方程为 $l: Ax + By + C = 0$,A,B 都不为 0。设斜率为 k_l,点 P 的坐标为 (x_0, y_0),点 P 到直线 l 的距离为 d。

一、定义法

根据点到直线距离的定义,我们得到直线外一点与直线上某一点之间距离是最小值,该距离即为点到直线距离。设 $M(x, y)$ 为直线 l 上的一点,则 $Ax + By + C = 0$,

且 $|PM|^2 = (x - x_0)^2 + (y - y_0)^2 = \left(1 + \dfrac{A^2}{B^2}\right)x^2 + 2\left(\dfrac{AC}{B^2} + \dfrac{Ay_0}{B} - x_0\right)x + x_0^2 + \left(\dfrac{C}{B} + y_0\right)^2$。

根据二次函数的性质，当 $x = -\dfrac{\dfrac{AC}{B^2} + \dfrac{Ay_0}{B} - x_0}{1 + \dfrac{A^2}{B^2}} = -\dfrac{AC + ABy_0 - B^2 x_0}{A^2 + B^2}$ 时，

PM^2 有小值，即 $d = \left|\dfrac{Ax_0 + By_0 + C}{\sqrt{A^2 + B^2}}\right|$。

教材给予了部分运算展示，教学中要引导学生耐心计算，磨炼他们的心性，使学生获得推导后的成就感。

二、等面积法

如图 5-1-1 所示，设 $R(x_1, y_0)$，$S(x_0, y_1)$，由 R，S 在直线 l 上，得到 $\begin{cases} Ax_1 + By_0 + C = 0, \\ Ax_0 + By_1 + C = 0。\end{cases}$

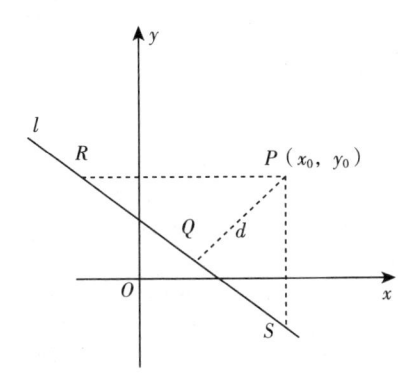

图 5-1-1

所以 $x_1 = \dfrac{-By_0 - C}{A}$，$y_1 = \dfrac{-Ax_0 - C}{B}$，

所以 $|PR| = |x_0 - x_1| = \left|\dfrac{Ax_0 + By_0 + C}{A}\right|$，

$$|PS| = |y_0 - y_1| = \left|\frac{Ax_0 + By_0 + C}{B}\right|,$$

于是 $|RS| = \sqrt{|PR|^2 + |PS|^2} = \frac{\sqrt{A^2 + B^2}}{AB} \cdot |Ax_0 + By_0 + C|,$

所以从三角形面积公式知 $d \cdot |RS| = |PR| \cdot |PS|,$

从而有：$d = \left|\dfrac{Ax_0 + By_0 + C}{\sqrt{A^2 + B^2}}\right|$。

三、三角函数斜率法

如图 5－1－2 所示，直线的倾角为 α，同推导一，$|PR| = |x_0 - x_1| = \left|\dfrac{Ax_0 + By_0 + C}{A}\right|$，$d = ||PR|\sin\angle PRQ| = ||PR|\sin\alpha|$，

又有 $|\tan\alpha| = |k_l| = \left|\dfrac{A}{B}\right|$ 及三角函数公式 $\dfrac{1}{\tan^2\alpha} = \dfrac{1}{\sin^2\alpha} - 1,$

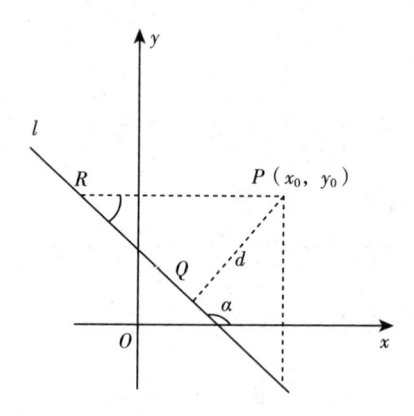

图 5－1－2

代入消去 α，便有 $d = \dfrac{|Ax_0 + By_0 + C|}{\sqrt{A^2 + B^2}}$。

四、求点法

如图 5-1-3 所示，因为 $k_{PQ} \cdot k_l = -1$，所以 $k_{PQ} = \dfrac{B}{A}$，

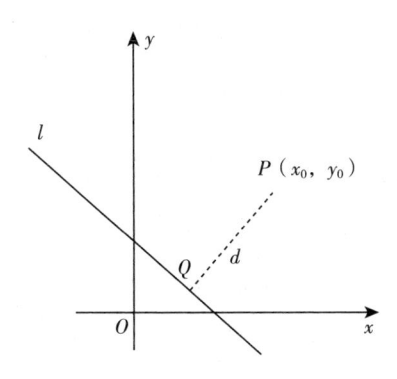

图 5-1-3

所以直线 PQ 方程为：$y - y_0 = \dfrac{B}{A}(x - x_0)$，

联立 $Ax + By + C = 0$，

求出 Q 点的坐标为 $Q\left(\dfrac{B^2 x_0 - ABy_0 - AC}{A^2 + B^2}, \dfrac{A^2 y_0 - ABx_0 - BC}{A^2 + B^2}\right)$，

所以 $d = |PQ| = \sqrt{\left(\dfrac{B^2 x_0 - ABy_0 - AC}{A^2 + B^2} - x_0\right)^2 + \left(\dfrac{A^2 y_0 - ABx_0 - BC}{A^2 + B^2} - y_0\right)^2}$

$= \dfrac{|Ax_0 + By_0 + C|}{\sqrt{A^2 + B^2}}$。

五、造圆切线法

如图 5-1-4 所示，以点 P 为圆心，作圆与直线 l 相切，则此圆的方程为：$(x - x_0)^2 + (y - y_0)^2 = d^2$，

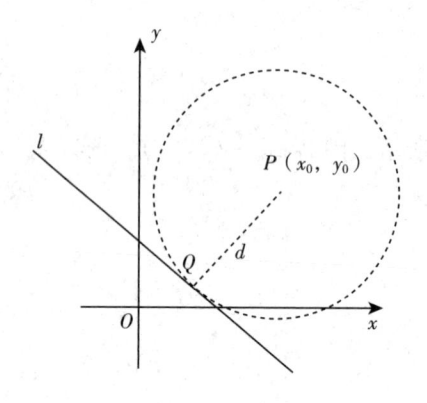

图 5-1-4

联立直线方程 $Ax+By+C=0$ 消去 y 得

$$\left(\frac{A^2}{B^2}+1\right)x^2+\left(\frac{2AC}{B^2}+\frac{2A}{B}y_0-2x_0\right)x+\left(x_0^2+y_0^2+\frac{C^2}{B^2}+\frac{2Cy_0}{B}-d^2\right)=0,$$

由相切的条件知 $\Delta=0$,

即 $\left(\frac{2AC}{B^2}+\frac{2A}{B}y_0-2x_0\right)^2-4\cdot\left(\frac{A^2}{B^2}+1\right)\cdot\left(x_0^2+y_0^2+\frac{C^2}{B^2}+\frac{2Cy_0}{B}-d^2\right)=0,$

解得：$d=\dfrac{|Ax_0+By_0+C|}{\sqrt{A^2+B^2}}$。

六、函数极值法

如图 5-1-5 所示,该问题可以转化为求直线 l 上一动点 Q,使得 PQ 的距离最短,已知 d 的距离最短,则将问题转就变为一个二元函数的条件极值问题：函数为 $|PQ|=d(x,y)=\sqrt{(x-x_0)^2+(y-y_0)^2}$, d 就是函数,条件就是 $Ax+By+C=0$,求最小值。由于距离始终大于 0,我们求解根号里面的二元二次函数极值问题,可以采用拉格朗日乘数法。

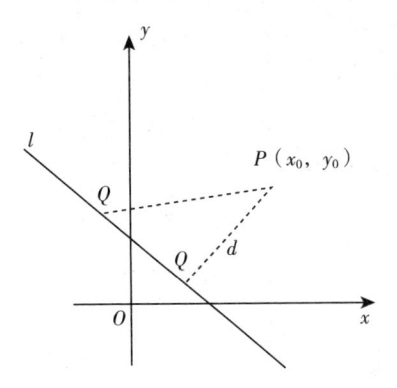

图 5-1-5

令 $L(x, y, \lambda) = (x-x_0)^2 + (y-y_0)^2 + \lambda(Ax+By+C)$,

所以 $\begin{cases} L'_x = 2(x-x_0) + \lambda A = 0, \\ L'_y = 2(y-y_0) + \lambda B = 0, \\ L'_\lambda = Ax + By + C = 0, \end{cases}$

解得 $x = \dfrac{B^2 x_0 - ABy_0 - AC}{A^2 + B^2}$, $y = \dfrac{A^2 y_0 - ABx_0 - BC}{A^2 + B^2}$。

代入函数中,即得 $d = \dfrac{|Ax_0 + By_0 + C|}{\sqrt{A^2 + B^2}}$。

七、对称求点法

如图 5-1-6 所示,设 $P(x', y')$ 是 $P(x_0, y_0)$ 关于直线 l 的对称点,于是有:

$\begin{cases} \dfrac{y' - y_0}{x' - x_0} \cdot \left(-\dfrac{A}{B}\right) = -1, \\ A \cdot \dfrac{x' + x_0}{2} + B \cdot \dfrac{y' + y_0}{2} + C = 0, \end{cases}$

解得 $x' = \dfrac{B^2 x_0 - ABy_0 - AC}{A^2 + B^2} - x_0$, $y' = \dfrac{A^2 y_0 - ABx_0 - BC}{A^2 + B^2} - y_0$,

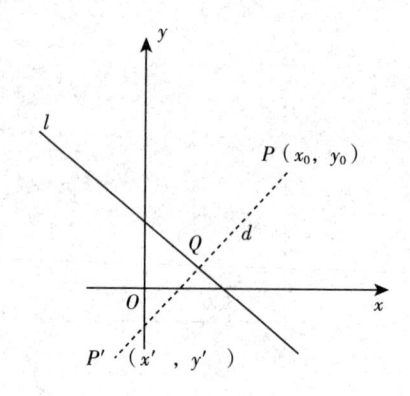

图 5-1-6

所以 $d = \dfrac{1}{2}\sqrt{|PP'|^2} = \dfrac{|Ax_0 + By_0 + C|}{\sqrt{A^2 + B^2}}$。

八、求高法

如图 5-1-7 所示，由直线方程可求得 R，S 的坐标，即 $R\left(0, -\dfrac{C}{B}\right)$，$S\left(-\dfrac{C}{A}, 0\right)$，于是 $\triangle ROS$ 的面积为：$S_{\triangle ROS} = \left| \dfrac{1}{2} \begin{vmatrix} -x_0 & -\dfrac{C}{B} - y_0 \\ -\dfrac{C}{A} - x_0 & -y_0 \end{vmatrix} \right|$，

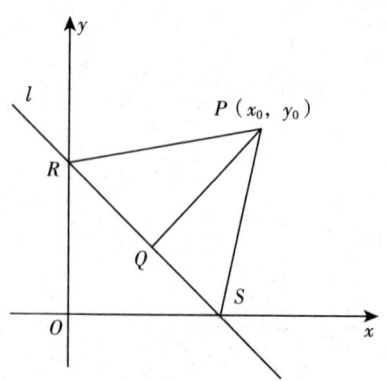

图 5-1-7

所以 $|RS| = \sqrt{\left(\dfrac{C}{A}\right)^2 + \left(\dfrac{C}{B}\right)^2} = \left|\dfrac{C\sqrt{A^2+B^2}}{AB}\right|$,

所以 $d = \dfrac{2S_{\triangle ROS}}{|RS|} = \dfrac{|Ax_0 + By_0 + C|}{\sqrt{A^2+B^2}}$。

九、相似三角形法

如图 5-1-8 所示,$PQ \perp l$,$OS \perp l$,$\triangle PQR \backsim \triangle OSR$,所以 $\dfrac{d}{|OS|} = \dfrac{|PR|}{|OR|} = \lambda$。

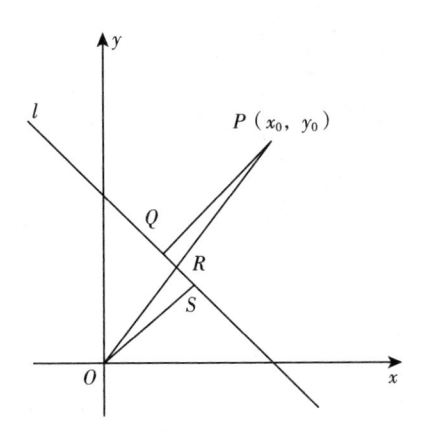

图 5-1-8

由直线分线段比公式可得 $\lambda = \dfrac{Ax_0 + By_0 + C}{|C|}$,

而 $|OS| = \dfrac{\dfrac{C}{A} \cdot \dfrac{C}{B}}{\left|\dfrac{C\sqrt{A^2+B^2}}{AB}\right|} = \dfrac{|C|}{\sqrt{A^2+B^2}}$,

所以 $d = \lambda|OS| = \dfrac{|Ax_0 + By_0 + C|}{\sqrt{A^2+B^2}}$。

点到直线距离公式还有其他的推导方法，以上几种方法比较简洁且较好接受。公式推导的过程，体现了数学思维的简洁性、直观性、深刻性和独创性，对标课程标准中数学核心素养——直观想象、数学建模、数学运算和数学抽象，是极好的教学素材。在公式推导的过程中，教师引导学生发现问题，在探索、化归中构建知识体系，培养学生自主探究的能力，发展学生数学思维。对于教师而言，要理解教材，在拓展中把握数学思想，进行深度学习。

第二节　探究三角形中线、角平分线与三边的关系

在解三角形的章节中，正弦定理和余弦定理都阐述了三角形的角边存在的特殊关系，那么三角形的中线、角平分线与三边存在怎样的关系呢？下面我们一起来探究吧。

一、探究活动1

在 $\triangle ABC$ 中，角 A，B，C 所对的边分别为 a，b，c。若 D 为 BC 边的中点，探究 AD 与 a，b，c 的关系。

答：

设三角形的三条边为 a，b，c，设 BC 中点为 D，

$\overrightarrow{AD} = \dfrac{1}{2}(\overrightarrow{AB} + \overrightarrow{AC})$，则 $\overrightarrow{AD}^2 = \dfrac{1}{4}(\overrightarrow{AB}^2 + \overrightarrow{AC}^2 + 2\overrightarrow{AB} \cdot \overrightarrow{AC}) =$

$\dfrac{1}{4}\left(c^2 + b^2 + 2bc \cdot \dfrac{b^2 + c^2 - a^2}{2bc}\right) = \dfrac{1}{4}(2b^2 + 2c^2 - a^2)$。

所以 $AD = \dfrac{\sqrt{2b^2 + 2c^2 - a^2}}{2}$。

二、探究活动2

在 $\triangle ABC$ 中，角 A，B，C 所对的边分别为 a，b，c。若 D 为 BC 边上一点且 AD 平分 $\angle A$，探究 AD 与 a，b，c 的关系。

答：

设 $\angle A$ 所对边为 a，$\angle B$ 所对边为 b，$\angle C$ 所对边为 c，

设 $\angle A$ 的角平分线 $AD = t_a$，

由角平分线性质可知 $\dfrac{BD}{CD} = \dfrac{c}{b}$，所以 $BD = \dfrac{ac}{b+c}$，

由余弦定理，有 $\cos B = \dfrac{a^2 + c^2 - b^2}{2ac}$，

$t_a^2 = c^2 + \left(\dfrac{ac}{b+c}\right)^2 - 2c \cdot \dfrac{ac}{b+c} \cdot \cos B$，

所以 $t_a = \dfrac{\sqrt{bc\,((b+c)^2 - a^2)}}{b+c}$。

$t_a^2 = c^2 + \left(\dfrac{ac}{b+c}\right)^2 - 2\cos B \cdot c \cdot \dfrac{ac}{b+c} \Rightarrow t_a = \dfrac{\sqrt{bc\,((b+c)^2 - a^2)}}{b+c}$。

三、探究活动3

小强计划制作一个三角形，使得它的三条边中线的长度分别为 1，$\sqrt{7}$，$\sqrt{7}$，试一试判断该三角形的形状？

答：

设三角形的三条边为 a，b，c，设 BC 中点为 D，AC 中点为 E，AB 中点为 F，不妨设 $AD = CF = \sqrt{7}$，$BE = 1$，$\vec{AD} = \dfrac{1}{2}(\vec{AB} + \vec{AC})$，

则 $\vec{AD}^2 = \dfrac{1}{4}(\vec{AB}^2 + \vec{AC}^2 + 2\vec{AB} \cdot \vec{AC}) =$

$$\frac{1}{4}\left(c^2 + b^2 + 2bc \cdot \frac{b^2 + c^2 - a^2}{2bc}\right) = \frac{1}{4}(2b^2 + 2c^2 - a^2),$$

所以 $AD = \frac{\sqrt{2b^2 + 2c^2 - a^2}}{2}$，同理可得 $BE = \frac{\sqrt{2a^2 + 2c^2 - b^2}}{2}$，

$CF = \frac{\sqrt{2a^2 + 2b^2 - c^2}}{2}$，

所以 $\sqrt{7} = \frac{\sqrt{2b^2 + 2c^2 - a^2}}{2}$，$\sqrt{7} = \frac{\sqrt{2a^2 + 2b^2 - c^2}}{2}$，$1 = \frac{\sqrt{2a^2 + 2c^2 - b^2}}{2}$，

联立方程组可解得 $a = 2$，$b = 2\sqrt{3}$，$c = 2$，

所以 $\cos B = \frac{a^2 + c^2 - b^2}{2ac} = -\frac{1}{2} < 0$，

又 $a = c = 2$，

∴ $\triangle ABC$ 为等腰钝角三角形。

四、探究活动 4

$\triangle ABC$ 的三条角平分线的长度分别为 $\frac{3\sqrt{6}}{5}$，$\sqrt{6}$，$\frac{6\sqrt{15}}{7}$，则 $\triangle ABC$ 的周长和面积各是多少？

答：

设 $\angle A$ 所对边为 a，$\angle B$ 所对边为 b，$\angle C$ 所对边为 c，

设 $\angle A$ 的角平分线 $AD = t_a = \frac{3\sqrt{6}}{5}$，$\angle B$ 的角平分线 $BE = t_b = \sqrt{6}$，$\angle C$ 的角平分线 $CF = t_c = \frac{6\sqrt{15}}{7}$，

由角平分线性质可知 $\frac{BD}{CD} = \frac{c}{b}$，所以 $BD = \frac{ac}{b+c}$，

由余弦定理，有 $\cos B = \frac{a^2 + c^2 - b^2}{2ac}$，

$$t_a^2 = c^2 + \left(\frac{ac}{b+c}\right)^2 - 2c \cdot \frac{ac}{b+c} \cdot \cos B,$$

所以 $t_a = \dfrac{\sqrt{bc((b+c)^2 - a^2)}}{b+c}$。

同理可得 t_b，t_c，从而得到如下方程组：

$$\begin{cases} \dfrac{\sqrt{bc((b+c)^2 - a^2)}}{b+c} = \dfrac{3\sqrt{6}}{5} \\ \dfrac{\sqrt{ac((a+c)^2 - b^2)}}{a+c} = \sqrt{6} \\ \dfrac{\sqrt{ab((a+b)^2 - c^2)}}{a+b} = \dfrac{6\sqrt{15}}{7} \end{cases},$$

解得：$a = 4$，$b = 3$，$c = 2$，

故周长为 $a + b + c = 9$。

根据余弦定理可知，$\cos A = \dfrac{b^2 + c^2 - a^2}{2bc} = -\dfrac{1}{4}$，则 $\sin A = \dfrac{3}{4}\sqrt{15}$，

则 $S_{\triangle ABC} = \dfrac{1}{2}bc\sin A = \dfrac{3}{4}\sqrt{15}$。

第三节 圆锥曲线切线公式探究

一、四种圆锥曲线切线公式的推导分析

以圆 $x^2+y^2=r^2$ 上一点 $P(x_0,y_0)$ 为切点的切线公式可以通过点到直线的距离公式推导得到 $xx_0+yy_0=r^2$，也可通过两边求导，利用导数的几何意义求斜率推导得到切线公式。其他圆锥曲线（如椭圆、双曲线、抛物线）也可以通过求导推得以圆锥曲线上一点为切点的圆锥曲线的切线公式。下面将这类问题一一推导分析，以此作为课本知识的拓展与延伸。

（一）圆切线公式

问题1：已知圆 $x^2+y^2=r^2$，圆上有一点 $P(x_0,y_0)$，如图 5-3-1 所示，求以点 $P(x_0,y_0)$ 为切点的切线方程。

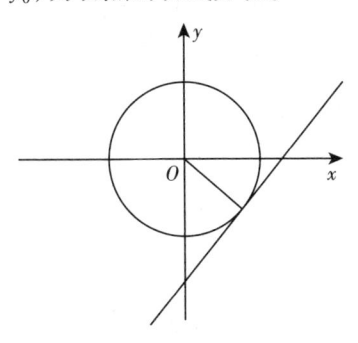

图 5-3-1

答：

对于圆方程 $x^2+y^2=r^2$，两边分别对变量 x 求导，则可得 $2x+2yy'_x=0$，即 $y'_x=-\dfrac{x}{y}$，

因为过点 $P(x_0, y_0)$，

则过此点的切线的斜率 $y'_{x_0}=-\dfrac{x_0}{y_0}$，

所以切线方程为：$y-y_0=y'_{x_0}(x-x_0)$，

即 $y-y_0=-\dfrac{x_0}{y_0}(x-x_0)$，

则 $yy_0-y_0^2=x_0^2-xx_0$，所以 $xx_0+yy_0=x_0^2+y_0^2=r^2$，

即以圆上一点 $P(x_0, y_0)$ 为切点的切线方程为 $xx_0+yy=r^2$。

（二）椭圆切线公式

问题2：已知椭圆 $\dfrac{x^2}{a^2}+\dfrac{y^2}{b^2}=1$，椭圆上有一点 $P(x_0, y_0)$，如图5-3-2所示，求以点 $P(x_0, y_0)$ 为切点的切线方程。

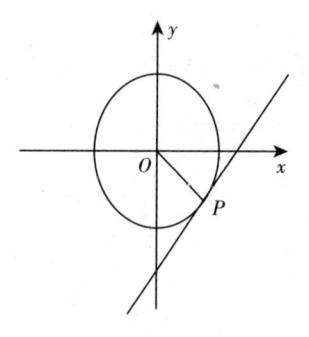

图 5-3-2

答：

对于椭圆方程 $\dfrac{x^2}{a^2}+\dfrac{y^2}{b^2}=1$，两边分别对变量 x 求导，得 $2\dfrac{x}{a^2}+2\dfrac{y}{b^2}y'_x=0$，

即 $y'_x = -\dfrac{x}{y} \cdot \dfrac{b^2}{a^2}$,

因过点 $P(x_0, y_0)$,

则过此点的切线的斜率 $y'_{x_0} = -\dfrac{x_0}{y_0} \dfrac{b^2}{a^2}$,

所以切线方程为: $y - y_0 = y'_{x_0}(x - x_0)$,

即 $y - y_0 = -\dfrac{x_0}{y_0}\dfrac{b^2}{a^2}(x - x_0)$,

则 $a^2 y y_0 - a^2 y_0^2 = b^2 x_0^2 - b^2 x x_0$,

又满足 $b^2 x_0^2 + a^2 y_0^2 = a^2 b^2$,

所以 $b^2 x x_0 + a^2 y y_0 = b^2 x_0^2 + a^2 y_0^2 = a^2 b^2$,

即以椭圆上一点 $P(x_0, y_0)$ 为切点的切线方程为 $\dfrac{x x_0}{a^2} + \dfrac{y y_0}{b^2} = 1$。

(三) 双曲线切线公式

问题 3: 已知双曲线 $\dfrac{x^2}{a^2} - \dfrac{y^2}{b^2} = 1$, 双曲线上有一点 $P(x_0, y_0)$, 如图 5-3-3 所示, 求以点 $P(x_0, y_0)$ 为切点的切线方程。

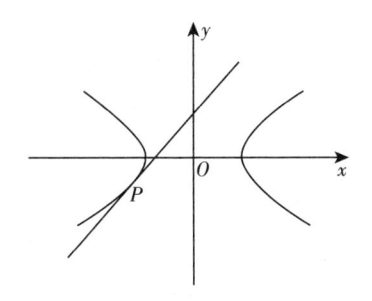

图 5-3-3

答:

对于双曲线方程 $\dfrac{x^2}{a^2} - \dfrac{y^2}{b^2} = 1$,

两边分别对变量 x 求导，则可得 $2\dfrac{x}{a^2} - 2\dfrac{y}{b^2}y'_x = 0$，

即 $y'_x = \dfrac{x}{y} \cdot \dfrac{b^2}{a^2}$，因为过点 $P(x_0, y_0)$，

则过此点的切线的斜率 $y'_{x_0} = \dfrac{x_0}{y_0} \cdot \dfrac{b^2}{a^2}$，

所以切线方程为：$y - y_0 = y'_{x_0}(x - x_0)$，

即 $y - y_0 = \dfrac{x_0}{y_0} \cdot \dfrac{b^2}{a^2}(x - x_0)$，

则 $a^2 yy_0 - a^2 y_0^2 = -b^2 x_0^2 + b^2 xx_0$，

又 $b^2 x_0^2 - a^2 y_0^2 = a^2 b^2$，所以 $b^2 xx_0 - a^2 yy_0 = b^2 x_0^2 - a^2 y_0^2 = a^2 b^2$，

即以双曲线上一点 $P(x_0, y_0)$ 为切点的切线方程为 $\dfrac{xx_0}{a^2} - \dfrac{yy_0}{b^2} = 1$。

（四）抛物线切线公式

问题 4：已知抛物线 $y^2 = 2px$，抛物线上有一点 $P(x_0, y_0)$，如图 5-3-4 所示，求以点 $P(x_0, y_0)$ 为切点的切线方程。

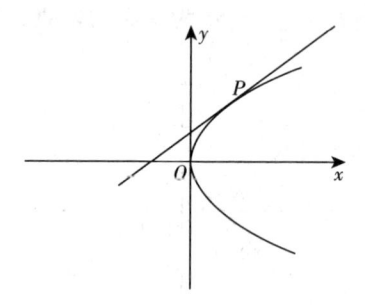

图 5-3-4

答：

对于抛物线方程 $y^2 = 2px$，

两边分别对变量 x 求导，则可得 $2yy'_x = 2p$，即 $y'_x = \dfrac{p}{y}$，

因过点 $P(x_0, y_0)$，则过此点的切线的斜率 $y'_{x_0} = \dfrac{p}{y_0}$，

所以切线方程为：$y - y_0 = y'_{x_0}(x - x_0)$，即 $y - y_0 = \dfrac{p}{y_0}(x - x_0)$，

则 $yy_0 - y_0^2 = px - px_0$，又满足 $y_0^2 = 2px_0^2$，

则 $yy_0 - 2px_0 = px - px_0$，所以 $yy_0 = px_0 + px$，

即以抛物线上一点 $P(x_0, y_0)$ 为切点的切线方程为：$yy_0 = px_0 + px$。

以上是四个圆锥曲线的切线公式，对于切线斜率为0或斜率不存在时可通过验证，也符合切线公式。通过分析可以得出一个圆锥曲线切线公式的一个规律，就是其中一个变量用已知值代入，其余不变，就得到一个以圆锥曲线上一点为切点的切线公式。

二、应用

下面举一例应用，如在保定模拟试卷中有这样一题。

题目：已知双曲线 $x^2 - y^2 = 1$，F_1，F_2 分别为左右焦点，过 F_2 的直线 l 交双曲线于 M，N 两点，且满足 $\overrightarrow{MF_2} = \lambda \overrightarrow{F_2N}$（$\lambda > 0$）。

（1）求直线 l 的倾斜角 θ 的取值范围；

（2）若点 P 是通过 M，N 的切线的交点，求证：P 点在一定直线上。

分析：此题第（2）小题涉及过双曲线上的切线的交点，若结合上面的公式，可通过列方程组得出满足 P 点的公式，以便求解。

答：

（1）由 $\overrightarrow{MF_2} = \lambda \overrightarrow{F_2N}$（$\lambda > 0$），

所以直线 l 交双曲线右支于 M，N 两点，直线 l 过 $F_2(\sqrt{2}, 0)$，

设直线 l 方程：$x = my + \sqrt{2}$，（$M(x_1, y_1)$，$N(x_2, y_2)$），

$\begin{cases} x = my + \sqrt{2}, \\ x^2 - y^2 = 1, \end{cases}$ 得 $(m^2 - 1)y^2 - 2\sqrt{2}my + 1 = 0$, $\begin{cases} m^2 - 1 \neq 0, \\ \Delta > 0, \\ y_1 y_2 < 0, \end{cases}$

解得 $-1 < m < 1$, $\dfrac{1}{m} < -1$ 或 $\dfrac{1}{m} > 1$,

即 $\tan\theta < -1$ 或 $\tan\theta > 1$, 所以 $\theta \in \left(\dfrac{\pi}{4}, \dfrac{3\pi}{4}\right)$。

(2) 由 $x^2 - y^2 = 1$, 对双曲线方程变形得 $y = \pm\sqrt{x^2 - 1}$,

分别求导（过程同圆锥曲线切线公式推导三）可得

过 M 的切线 $xx_1 - yy_1 = 1$, 过 N 的切线 $xx_2 - yy_2 = 1$,

联立 $x = \dfrac{y_2 - y_1}{y_2 x_1 - y_1 x_2}$, $y = \dfrac{x_2 - x_1}{y_2 x_1 - y_1 x_2}$,

将 $x_1 = my_1 + \sqrt{2}$ 和 $x_2 = my_2 + \sqrt{2}$ 代入得 $x = \dfrac{\sqrt{2}}{2}$, $y = \dfrac{\sqrt{2}m}{2}$,

所以交点在右准线 $x = \dfrac{\sqrt{2}}{2}$ 上。

三、小结

通过对圆锥曲线的切线公式的研究，一方面推证了一个实用的结论，另一方面也体会到了数学中的和谐美。这个结论是：过圆锥曲线上一点 $P(x_0, y_0)$，圆的切线公式 $xx_0 + yy_0 = r^2$，椭圆的切线公式 $\dfrac{xx_0}{a^2} + \dfrac{yy_0}{b^2} = 1$，双曲线的切线公式 $\dfrac{xx_0}{a^2} - \dfrac{yy_0}{b^2} = 1$，抛物线的切线公式 $yy_0 = px_0 + px$。这个结论中的和谐美是：切线公式均由原曲线方程变形得到，一半变量变，一半变量不变，既保留了原味，又体现了创新，动静结合，妙趣横生。

第四节 外接球和内切球问题探究

外接球和内切球是高考考查的重点内容,对学生来说也是难点,下面总结出 8 种类型。

一、墙角模型(三条线两两垂直)

墙角模型的图片如图 5-4-1 所示。

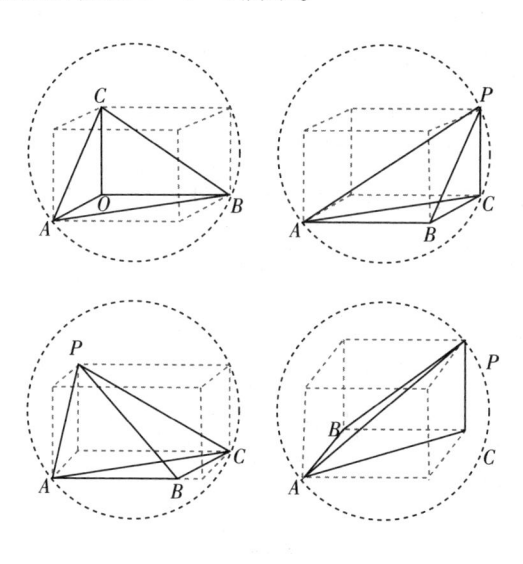

图 5-4-1

方法：找三条两两互相垂直的线段，用公式：$\sqrt{a^2+b^2+c^2}=2R$，解出 R。

二、垂面模型（一条直线垂直于一个平面）

（1）题型1：$PA\perp$ 平面 ABC。（见图5-4-2）

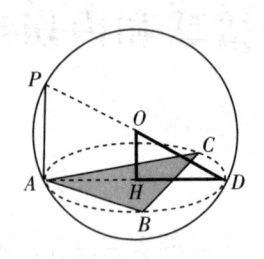

图5-4-2

第一步：将平面 ABC 画在小圆面上，A 为小圆面直径一端点，作小圆面的直径 AD，连接 PD，则 PD 必过球心 O；

第二步：H 为 $\triangle ABC$ 的外心，所以 $OH\perp$ 平面 ABC，算出小圆面的半径 $HD=r$，$OH=\dfrac{1}{2}PA$；

第三步：用勾股定理：$R=\sqrt{r^2+OH^2}$。

（2）题型2：P 的投影落在 $\triangle ABC$ 的外心上。（见图5-4-3）

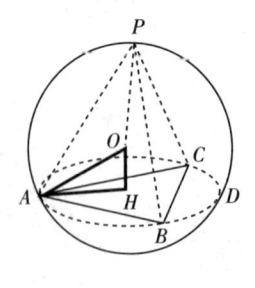

图5-4-3

第一步：确定球心 O 的位置，取 $\triangle ABC$ 的外心 H，则 P，O，H 三点共线；

第二步：算出小圆面半径 $AH = r$，算出棱锥的高 $PH = h$；

第三步：勾股定理 $OH^2 + AH^2 = OA^2 \Rightarrow (h-R)^2 + r^2 = R^2$，解出 R。

三、切瓜模型（两个平面互相垂直）

（1）题型 1：平面 $PAC \perp$ 平面 BAC，$AB \perp BC$（AC 为小圆直径）。（见图 5 - 4 - 4）

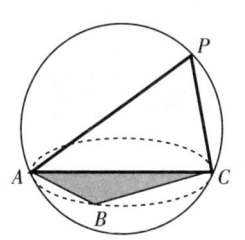

图 5 - 4 - 4

第一步：由图 5 - 4 - 5 知球心 O 必为 △PAC 的外心，即 △PAC 在大圆面上，先求出小圆面直径 AC 的长；

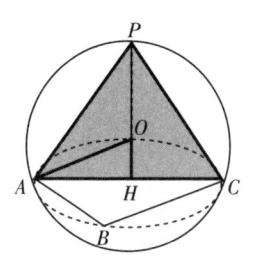

图 5 - 4 - 5

第二步：在 △PAC 中，可根据正弦定理 $\dfrac{a}{\sin A} = 2R$，解出 R。

（2）题型 2：平面 $PAC \perp$ 平面 BAC，$PA = PC$，$AB \perp AC$。

第一步：确定球心 O 的位置，由图知 P，O，H 三点共线；

第二步：算出小圆面半径 $AH = r$，算出棱锥的高 $PH = h$；

第三步：勾股定理 $OH^2 + AH^2 = OA^2 \Rightarrow (h-R)^2 + r^2 = R^2$，解出 R。

四、汉堡模型（直棱柱的外接球）

(1) 题型1：直三棱柱内接于一球（棱柱的上下底面为任意三角形）。(见图 5-4-6)

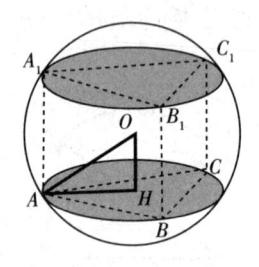

图 5-4-6

第一步：确定球心 O 的位置，H 为 $\triangle ABC$ 的外心，则 $OH \perp$ 平面 ABC；

第二步：算出小圆面半径 $AH = r$，$OH = \dfrac{1}{2}AA_1 = \dfrac{h}{2}$；

第三步：勾股定理 $OH^2 + AH^2 = OA^2 \Rightarrow R = \sqrt{r^2 + \left(\dfrac{h}{2}\right)^2}$。

(2) 题型2：直三棱柱内接于一球（棱柱的上下底面为直角三角形）。(见图 5-4-7)

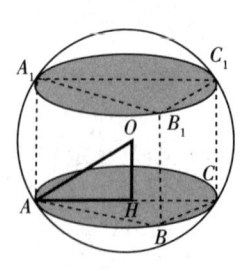

图 5-4-7

此类题为上面题的特殊情况，解法更简单，AH 的长即为底面三角形

斜边的一半，

勾股定理：$OH^2 + AH^2 = OA^2 \Rightarrow R = \sqrt{r^2 + \left(\dfrac{h}{2}\right)^2}$。

（3）题型3：四棱锥 $P-ABCD$ 内接于一球，平面 $PAD \perp$ 平面 $ABCD$。（见图5-4-8）

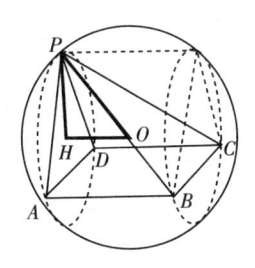

图5-4-8

此种四棱锥可以补成直三棱柱，然后方法同上。

勾股定理：$OH^2 + PH^2 = OP \Rightarrow R = \sqrt{r^2 + \left(\dfrac{h}{2}\right)^2}$。

五、折叠模型

题型：两个全等三角形或等腰拼在一起，或菱形折叠。

第一步：先画出如图5-4-9所示的图形，将 BCD 画在小圆面上，找出 $\triangle BCD$ 与 $\triangle A'BD$ 外心 H_1 和 H_2；

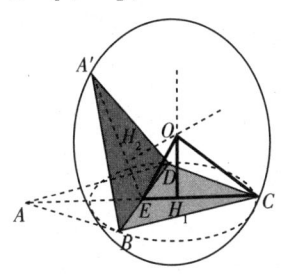

图5-4-9

第二步：过 H_1 和 H_2 分别作所在三角形的垂线，交点即为球心 O，连接 OE，OC；

第三步：在 Rt△OEH_1 中算出 OH_1，在 Rt△OCH_1 中，勾股定理：$OH^2 + CH^2 = OC^2$，可得 $R = OC$。

六、对棱相等模型

题型：三棱锥或四面体告诉三组对棱相等，求外接球半径（$AB = CD$，$AD = BC$，$AC = BD$）。

第一步：画出一个长方体，标出三组互为异面直线的对棱（见图5-4-10）；

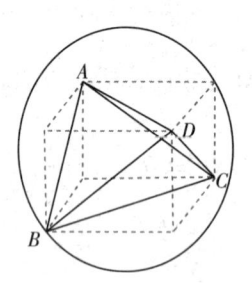

图 5-4-10

第二步：设长方体的长、宽、高分别为 a，b，c，列出方程

$$\begin{cases} a^2 + b^2 = BC^2 = \alpha^2, \\ a^2 + c^2 = AC^2 = \beta^2 \\ c^2 + b^2 = AB^2 = \gamma^2, \end{cases} \Rightarrow a^2 + b^2 + c^2 = \frac{\alpha^2 + \beta^2 + \gamma^2}{2},$$

所以 $\sqrt{a^2 + b^2 + c^2} = 2R \Rightarrow R = \sqrt{\dfrac{\alpha^2 + \beta^2 + \gamma^2}{8}}$。

七、两直角三角形拼在一起模型

题型：$\angle APB = \angle AQB = 90°$，求外接圆半径。（见图 5-4-11）

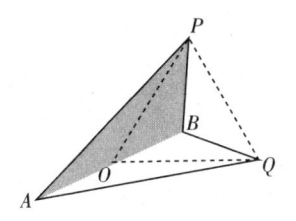

图 5-4-11

分析：取斜边 AB 的中点，连接 OP，OQ，$OP = \frac{1}{2}AB = OA = OB = OQ$，所以 O 点即为球心，然后在 $\triangle POQ$ 中解出半径 R。

八、椎体的内切球问题

（1）题型 1：正棱锥求内切球半径。

第一步：先画出内切球的截面图（见图 5-4-12），E，H 分别为两个三角形的外心；

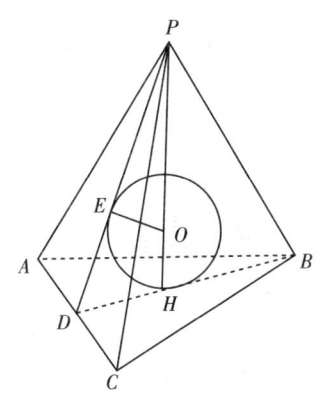

图 5-4-12

第二步：求 $DH = \frac{1}{3}BD$，$PO = PH - r$，PD 为侧面 $\triangle PAC$ 的高；

第三步：由 $\triangle POE \backsim \triangle PDH$，建立等式 $\frac{OE}{DH} = \frac{PO}{PD}$，解出 r。

（2）题型 2：正棱锥求内切球半径。

第一步：先画出内切球的截面图（见图 5-4-13），P，O，H 三点共线；

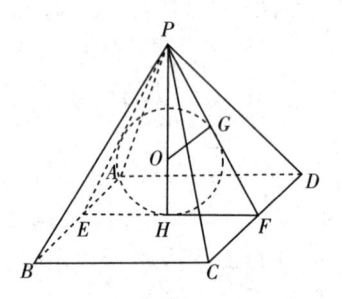

图 5-4-13

第二步：求 $HF = \frac{1}{2}BC$，$PO = PH - r$，PF 为侧面 $\triangle PCD$ 的高；

第三步：由 $\triangle POG$ 相似于 $\triangle PFH$，建立等式 $\frac{OG}{HF} = \frac{PO}{PF}$，解出 r。

（3）题型 3：求任意三棱锥的内切球半径（等体积法）。（见图 5-4-14）

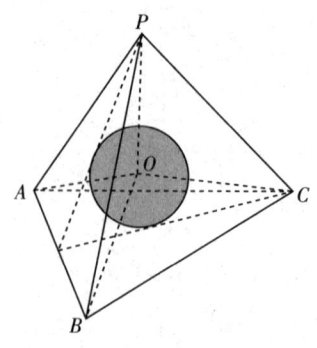

图 5-4-14

第一步：先求出四个表面的面积和整个椎体的体积；

第二步：设内切球半径为 r，建立等式关系

$$V_{P-ABC} = \frac{1}{3}(S_{ABC} + S_{PAB} + S_{PAC} + S_{PBC}) \cdot r;$$

第三步：求出 $r = \dfrac{3V_{P-ABC}}{S_{ABC} + S_{PAB} + S_{PAC} + S_{PBC}}$。

第五节 代数基本定理

我们一元二次方程 $x^2 = -1$ 在实数集中无解,在复数集中有解。那么,一般的一元多项式方程有没有根?如果有根,根的个数是多少?是否存在求根公式?数学家们通过不懈努力发现:随机生成的一元多项式,在复数集中最终都可以分解成一次因式的乘积,且一次因式的个数(包括重复因式)就是被分解的多次项式的次数。这就是代数基本定理。

代数基本定理:任何一元 n ($n \in \mathbf{N}^*$) 次复系数多项式方程 $f(x) = 0$ 至少有一个复数根。

一、探究活动1

代数基本定理起着基础作用,是数学中最重要的定理之一,请通过查阅相关资料,了解代数发展史上这一定理的研究过程。

答:

公元前19世纪至公元前17世纪,古巴比伦人解决了一次和二次方程问题。欧几里得的《几何原本》(公元前4世纪)中有用几何形式解二次方程的方法。我国的《九章算术》(公元1世纪)中有三次方程和一次联立方程组的解法,并运用了负数。3世纪丢番图用有理数求一次、二次不定方程的解。13 世纪我国出现的天元术（见李冶的《测圆海镜》）是有关一元高次方程的数值解法。16 世纪意大利数学家塔尔塔利亚、费拉里先后成功地得到了三次和四次方程的求根公式。16 世纪法国数学家韦达开始有意识地系统使用数学符号，他不仅用字母表示未知数及其方幂，还用字母表示方程的系数和常数项。韦达认为，代数与算术是不同的，算术仅研究关于具体数的计算方法，代数则研究关于事物的类或形式的运算方法。字母表示数的思想方法是代数学发展史上的一个重大转折，从此，代数从算术中很快分离出来，成为一门独立的学科。

代数基本定理的第一个证明是法国数学家达朗贝尔给出的。接着，欧拉也给出了一个证明，但仍存在缺陷。拉格朗日于 1772 年又重新证明了代数基本定理，后经高斯分析，发现他的证法中应用了实数尚未证明其真实性的各种性质，所以该证明仍然是很不严谨的。高斯后来又给出了另外三个证明方法，在 71 岁时还公布了第四个证法，在这个证法中，他容许多项式的系数是复数。

复变函数论发展后，代数基本定理已作为其他定理的推论。代数基本定理在代数乃至整个数学中起着基础作用。

弗朗索瓦·韦达（1540—1603 年）是法国杰出的数学家。他年轻时当过律师，后来也从事政治活动，当过议会的议员。韦达从事数学研究只是出于爱好，但他却在代数和三角学中研究颇深，完成了代数和三角学方面的巨著。在代数方面，他是第一个有意识地和系统地使用字母来表示已知数、未知数及其乘幂，带来了代数理论研究的重大进步。他讨论了方程根的多种有理变换，发现了方程根与系数的关系（后称为"韦达定理"），韦达在欧洲被尊称为"代数学之父"。

二、探究活动 2

你能推导出实系数一元二次方程 $a_2x^2 + a_1x + a_0 = 0$（$a_2 \neq 0$）在复数集 C 内的根为 x_1，x_2，则根与系数的关系（即韦达定理）

$$\begin{cases} x_1 + x_2 = -\dfrac{a_1}{a_2}, \\ x_1 \cdot x_2 = \dfrac{a_0}{a_2}, \end{cases}$$ 吗？

答：

因为实系数一元二次方程 $a_2x^2 + a_1x + a_0 = 0$（$a_2 \neq 0$）在复数集 C 内的根为 x_1，x_2，

所以 $a_2(x - x_1)(x - x_2) = 0$，

即 $a_2x^2 - a_2(x_1 + x_2)x + a_2x_1x_2 = 0$（$a_2 \neq 0$），

$\therefore \begin{cases} -a_2(x_1 + x_2) = a_1, \\ a_2x_1 \cdot x_2 = a_0, \end{cases}$

$\therefore \begin{cases} x_1 + x_2 = -\dfrac{a_1}{a_2}, \\ x_1 \cdot x_2 = \dfrac{a_0}{a_2}。 \end{cases}$

这就是韦达定理。

三、探究活动 3

类比实系数一元二次方程中韦达定理的推导过程，如果实系数一元三次方程 $a_3x^3 + a_2x^2 + a_1x + a_0 = 0$（$a_3 \neq 0$）在复数集 C 内的根为 x_1，x_2，x_3，则它们与方程的系数有什么关系呢？

答：

因为实系数一元三次方程 $a_3x^3 + a_2x^2 + a_1x + a_0 = 0$（$a_3 \neq 0$）在复数集 C 内的根为 x_1，x_2，x_3，

所以 $a_3(x-x_1)(x-x_2)(x-x_3) = 0$，

即 $a_3x^3 - a_3(x_1+x_2+x_3)x^2 + a_3(x_1x_2+x_1x_3+x_2x_3)x - a_3x_1 \cdot x_2 \cdot x_3 = 0$（$a_3 \neq 0$），

$$\therefore \begin{cases} -a_3(x_1+x_2+x_3) = a_2, \\ a_3(x_1x_2+x_1x_3+x_2x_3) = a_1, \\ -a_3x_1 \cdot x_2 \cdot x_3 = a_0, \end{cases}$$

$$\therefore \begin{cases} x_1+x_2+x_3 = -\dfrac{a_2}{a_3}, \\ x_1x_2+x_1x_3+x_2x_3 = \dfrac{a_1}{a_3}, \\ x_1x_2x_3 = -\dfrac{a_0}{a_3}。 \end{cases}$$

这就是一元三次方程中韦达定理的推广．

四、探究活动 4

如果实系数一元四次方程 $a_4x^4 + a_3x^3 + a_2x^2 + a_1x + a_0 = 0$（$a_4 \neq 0$）在复数集 C 内的根为 x_1，x_2，x_3，x_4，则它们与方程的系数之间又有什么关系呢？

答：

因为实系数一元四次方程 $a_4x^4 + a_3x^3 + a_2x^2 + a_1x + a_0 = 0$（$a_4 \neq 0$）在复数集 C 内的根为 x_1，x_2，x_3，x_4，

所以 $a_4(x-x_1)(x-x_2)(x-x_3)(x-x_4) = 0$，

即 $a_4x^4 - a_4(x_1+x_2+x_3+x_4)x^3 + a_4(x_1x_2+x_1x_3+x_1x_4+x_2x_3+x_2x_4+x_3x_4)x^2 - a_4(x_1x_2x_3+x_1x_2x_4+x_1x_3x_4+x_2x_3x_4)x + a_4x_1x_2x_3x_4 = 0$ $(a_4 \neq 0)$,

$$\begin{cases} -a_4(x_1+x_2+x_3+x_4) = a_3, \\ a_4(x_1x_2+x_1x_3+x_1x_4+x_2x_3+x_2x_4+x_3x_4) = a_2, \\ -a_4(x_1x_2x_3+x_1x_2x_4+x_1x_3x_4+x_2x_3x_4) = a_1, \\ a_4x_1x_2x_3x_4 = a_0, \end{cases}$$

$$\therefore \begin{cases} x_1+x_2+x_3+x_4 = -\dfrac{a_3}{a_4}, \\ x_1x_2+x_1x_3+x_1x_4+x_2x_3+x_2x_4+x_3x_4 = \dfrac{a_2}{a_4}, \\ x_1x_2x_3+x_1x_2x_4+x_1x_3x_4+x_2x_3x_4 = -\dfrac{a_1}{a_4}, \\ x_1x_2x_3x_4 = \dfrac{a_0}{a_4}。 \end{cases}$$

五、探究活动 5

对于上述方程，如果系数是复数，那么根与系数的关系仍然成立吗？你能举例说明代数基本定理在解方程中的具体应用吗？

答：

对于上述方程，如果系数是复数，那么根与系数的关系仍然成立。

代数基本定理：每个次数 ≥1 的一元复系数多项式在复数域中至少有一根。

复系数多项式因式分解定理：每个次数 ≥1 的复系数多项式在复数域上都可以唯一地分解成一次因式的乘积。因此复系数多项式具有标准分解式：$f(x) = a_n(x-x_1)^{l_1}(x-x_2)^{l_2}(x-x_3)^{l_3}\cdots(x-x_s)^{l_s}$，其中 x_1，x_2，x_3，$\cdots$，x_s 是不同的复数，l_1，l_2，l_3，$\cdots$，l_s 是正整数。标准分解式说明每个 n 次复系数多项式恰有 n 个复根（重根按重数计算）。

解方程中的具体应用举例如下：

在复数范围内解方程：$2x^3 + 3x^2 - 3x - 2 = 0$。

设方程 $2x^3 + 3x^2 - 3x - 2 = 0$ 在复数集 C 内的根 x_1，x_2，x_3，则

$$\begin{cases} x_1 + x_2 + x_3 = -\dfrac{3}{2}, \\ x_1x_2 + x_1x_3 + x_2x_3 = -\dfrac{3}{2}, \\ x_1x_2x_3 = 1, \end{cases}$$

解得 $x_1 = -2$，$x_2 = -\dfrac{1}{2}$，$x_3 = 1$。

第六节　两个复数乘法的几何意义

如果复数 z_1, z_2 的模分别为 r_1, r_2, 辐角的主值分别为 θ_1, θ_2, 则复数 z_1, z_2 写成三角形式 $z_1 = r_1(\cos\theta_1 + i\sin\theta_1)$, $z_2 = r_2(\cos\theta_2 + i\sin\theta_2)$, 这两个复数相乘, 积的模等于各复数的模的积, 积的辐角等于各复数的辐角的和: $z_1 z_2 = r_1(\cos\theta_1 + i\sin\theta_1) \cdot r_2(\cos\theta_2 + i\sin\theta_2) = r_1 r [\cos(\theta_1 + \theta_2) + i\sin(\theta_1 + \theta_2)]$

两个复数 $z_1 = r_1(\cos\theta_1 + i\sin\theta_1)$, $z_2 = r_2(\cos\theta_2 + i\sin\theta_2)$ 相乘时, 可以像图 5-6-1 那样, 先分别画出与 z_1, z_2 的对应的向量 $\overrightarrow{OZ_1}$, $\overrightarrow{OZ_2}$, 然后把向量 $\overrightarrow{OZ_1}$ 绕点 O 按逆时针方向旋转角 θ_2 (如果 $\theta_2 < 0$, 就要把 $\overrightarrow{OZ_1}$ 绕点 O 按顺时针方向旋转角 $|\theta_2|$), 再把它的模变为原来的 r_2 倍, 得到向量 $\overrightarrow{OZ}$, $\overrightarrow{OZ}$ 表示的复数就是积 $z_1 z_2$。这是复数乘法的几何意义。

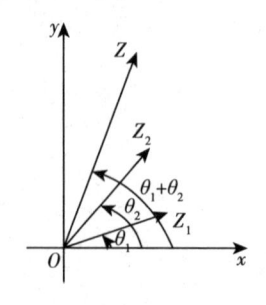

图 5-6-1

一、探究活动 1

你能解释 $i^2 = -1$ 和 $(-1)^2 = 1$ 的几何意义吗?

答:

设复数 $z_1 = i = \cos\frac{\pi}{2} + i\sin\frac{\pi}{2}$,它的模 $r_1 = 1$,辐角 $\theta_1 = \frac{\pi}{2}$,复数 z_1 在复平面上对应的向量 $\overrightarrow{OZ_1}$,然后把向量 $\overrightarrow{OZ_1}$ 绕点 O 按逆时针方向旋转角 $\frac{\pi}{2}$,再把它的模变为原来的 $r_1 = 1$ 倍(即保持向量的模不变),得到向量 $\overrightarrow{OZ} = (-1, 0)$,$\overrightarrow{OZ}$ 表示的复数就是积 $z_1^2 = i^2 = -1$。这是 $i^2 = -1$ 的几何意义。

设复数 $z_2 = -1 = \cos\pi + i\sin\pi$,它的模 $r_2 = 1$,辐角 $\theta_2 = \pi$,复数 z_2 在复平面上对应的向量 $\overrightarrow{OZ_2}$,然后把向量 $\overrightarrow{OZ_2}$ 绕点 O 按逆时针方向旋转角 π,再把它的模变为原来的 $r_2 = 1$ 倍(即保持向量的模不变),得到向量 $\overrightarrow{OZ} = (1, 0)$,$\overrightarrow{OZ}$ 表示的复数就是积 $z_2^2 = (-1)^2 = 1$。这是 $(-1)^2 = 1$ 的几何意义。

二、探究活动 2

设复数 $z = \sqrt{3} - i$ 对应的向量 $\overrightarrow{OZ}$,将 $\overrightarrow{OZ}$ 绕点 O 按逆时针方向和顺时针方向分别旋转 $\frac{\pi}{4}$ 和 $\frac{\pi}{3}$,则所得向量对应的复数是什么?

答:

复数 $z = \sqrt{3} - i$ 对应的向量 $\overrightarrow{OZ}$,将 $\overrightarrow{OZ}$ 绕点 O 按逆时针方向旋转 $\frac{\pi}{4}$,得到向量对应的复数 $(\sqrt{3} - i)\left(\cos\frac{\pi}{4} + i\sin\frac{\pi}{4}\right) = \frac{\sqrt{6}+\sqrt{2}}{2} + \frac{\sqrt{6}-\sqrt{2}}{2}i$。

复数 $z = \sqrt{3} - i$ 对应的向量 $\overrightarrow{OZ}$，将 $\overrightarrow{OZ}$ 绕点 O 按顺时针方向旋转 $\dfrac{\pi}{3}$，得到向量对应的复数 $(\sqrt{3} - i)\left[\cos\left(-\dfrac{\pi}{3}\right) + i\sin\left(-\dfrac{\pi}{3}\right)\right] = -2i$。

三、探究活动 3

如图 5-6-2 所示，已知平面内并列的三个全等的正方形，请运用复数证明 $\angle 1 + \angle 2 + \angle 3 = \dfrac{\pi}{2}$。

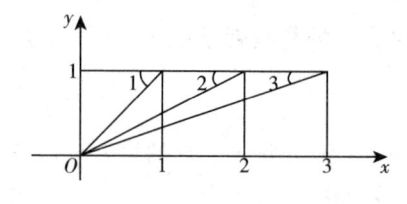

图 5-6-2

答：

如图设正方形边长为 1，$\angle 1 = \theta_1$，$\angle 2 = \theta_2$，$\angle 3 = \theta_3$，它们的顶点依次记为 Z_1，Z_2，Z_3，$\overrightarrow{OZ_1}$，$\overrightarrow{OZ_2}$，$\overrightarrow{OZ_3}$ 对应的复数分别为 $z_1 = \sqrt{2}\,(\cos\theta_1 + i\sin\theta_1) = 1 + i$，

$z_2 = \sqrt{5}\,(\cos\theta_2 + i\sin\theta_2) = 2 + i$，$z_2 = \sqrt{10}\,(\cos\theta_2 + i\sin\theta_2) = 3 + i$，

由复数的乘法运算三角表示公式可得

$z_1 z_2 z_3 = \sqrt{2} \times \sqrt{5} \times \sqrt{10}\,[\cos(\theta_1 + \theta_2 + \theta_3) + i\sin(\theta_1 + \theta_2 + \theta_3)]$

$= 10\,[\cos(\theta_1 + \theta_2 + \theta_3) + i\sin(\theta_1 + \theta_2 + \theta_3)]$

$= (1+i)(2+i)(3+i) = 10i = 10\left(\cos\dfrac{\pi}{2} + i\sin\dfrac{\pi}{2}\right)$，

所以 $\theta_1 + \theta_2 + \theta_3 = \dfrac{\pi}{2}$。

即证得 $\angle 1 + \angle 2 + \angle 3 = \dfrac{\pi}{2}$。

四、探究活动 4

说说你应用复数乘法运算的三角形式表示几何意义的感悟。

答：

两个复数 $z_1 = r_1(\cos\theta_1 + i\sin\theta_1)$、$z_2 = r_2(\cos\theta_2 + i\sin\theta_2)$ 相乘的几何意义，就是把与 z_1 对应的向量 $\overrightarrow{OZ_1}$ 绕点 O 按逆时针方向旋转角 θ_2（如果 $\theta_2 < 0$，就要把 $\overrightarrow{OZ_1}$ 绕点 O 按顺时针方向旋转角 $|\theta_2|$），再把它的模变为原来的 r_2 倍，得到向量 $\overrightarrow{OZ}$。复数乘法的几何意义本质上就是把平面向量先旋转再伸缩。在解决探究活动三的几何问题时，巧妙运用复数乘法的几何意义将几何关系转化为复数乘法，避免了大量几何逻辑推导过程，简化了运算，实现数形结合思想的完美应用。

第六章
生活中的数学探究性学习

第一节 妙用不等式，购物惠多多

一、问题引入

众所周知，物品价格会根据市场行情而波动，那么如何充分利用数学思想将受到的影响降到最低呢？

调查发现购物者购买同一种物品，可以用两种不同的策略：第一种是不考虑物品价格的升降，每次购买这种物品的数量一定；第二种是不考虑物品价格的升降，每次购买这种物品所花的钱数一定。哪种购买方式更加经济？你能把所得结论做一些推广吗？

二、探究活动1

数学活动小组可以选择到市场或商场搜集某种商品不同时期的单价，制成表格。

答：

我们"爱生活爱数学"小组派秀秀和欢欢两位同学去自己家附近的市场调查7~9月份牛肉的价格，收集并整理数据如表6-1-1所示。

表6-1-1 ×××市场7~9月牛肉价格（注：1斤=0.5kg）

商家	a_1	a_2	a_3	a_4	……
单价/（元/斤）	48	52	55	53	

二、探究活动2

讨论确认两种不同策略的具体金额或质量，如A：每次都买固定质量的某物品；B：每次都买固定金额的某物品。

答：

根据上面调查数据，我们小组讨论确认两种不同策略的具体金额或质量，方案A：每次都买牛肉两斤；方案B：每次固定购买牛肉100元。

那接下来我们用基本不等式计算，看哪一种购买方案更优惠。

三、探究活动3

若购物者分别用两种方案购买该物品两次，请运用计算平均数的公式，记录运算过程，并依据结果比较哪种方案更经济实惠。

答：

若购物者分别用两种方案购买该物品两次，两次价钱依次为48元/斤、52元/斤，则方案A：每次都买牛肉两斤，平均价格为 $\frac{48 \times 2 + 52 \times 2}{4}$ =50（元/斤）；方案B：每次固定购买牛肉100元，平均价格为 $\frac{100+100}{\frac{100}{48}+\frac{100}{52}}$ ≈49.92（元/斤）。因为49.92＜50，所以购物者分别用两种方案购买该物品两次时，选择"方案B：每次固定购买牛肉100元"更优惠。

四、探究活动 4

若购物者分别用两种方案购买该物品三次呢？结论是否与购买两次一致？

答：

若购物者分别用两种方案购买该物品三次，三次价钱依次为 48 元/斤、52 元/斤、55 元/斤，则方案 A：每次都买牛肉两斤，平均价格为 $\frac{48\times2+52\times2+55\times2}{6}\approx 51.67$（元/斤）；方案 B：每次固定购买牛肉 100 元，平均价格为 $\frac{100+100+100}{\frac{100}{48}+\frac{100}{52}+\frac{100}{55}}\approx 51.51$（元/斤）。因为 51.51 < 51.67，所以购物者分别用两种方案购买该物品三次时，选择"方案 B：每次固定购买牛肉 100 元"更优惠。

五、探究活动 5

若购物者分别用两种方案购买该物品 n 次呢？你能用你学过的数学知识来解释一下吗？

答：

若购物者分别用两种方案购买该物品四次，四次价钱依次为 48 元/斤、52 元/斤、55 元/斤、53 元/斤，则方案 A：每次都买牛肉两斤，平均价格为 $\frac{48\times2+52\times2+55\times2+53\times2}{8}=52$（元/斤）；方案 B：每次固定购买牛肉 100 元，平均价格为 $\frac{100+100+100+100}{\frac{100}{48}+\frac{100}{52}+\frac{100}{55}+\frac{100}{53}}\approx 51.87$（元/斤）。

因为 51.87 < 52，所以购物者分别用两种方案购买该物品四次时，选择

"方案 B：每次固定购买牛肉 100 元"更优惠。

综上讨论，购物者分别用两种方案购买该物品两次、三次、四次时，选择"方案 B：每次固定购买牛肉 100 元"均更优惠，因此，得到猜想：购物者分别用两种方案购买该物品 n 次时，选择"方案 B：每次固定购买牛肉 100 元"更优惠。

这个决策背后依据的知识是不等式中算术平均数与调和平均数之间的关系：

$$\frac{n}{\frac{1}{a_1}+\frac{1}{a_2}+\frac{1}{a_3}+\cdots+\frac{1}{a_n}} \leqslant \sqrt[n]{a_1 a_2 a_3 \cdot \cdots \cdot a_n} \leqslant \frac{a_1+a_2+a_3+\cdots+a_n}{n}$$

其中，$\dfrac{n}{\dfrac{1}{a_1}+\dfrac{1}{a_2}+\dfrac{1}{a_3}+\cdots+\dfrac{1}{a_n}}$ 是调和平均数，$\sqrt[n]{a_1 a_2 a_3 \cdot \cdots \cdot a_n}$ 是几何平均数，$\dfrac{a_1+a_2+a_3+\cdots+a_n}{n}$ 是算术平均数。

无论用哪种方案购买牛肉的单价都是一样的。购买 n 次，假设每次购买牛肉的单价分别为 a_1，a_2，a_3，$\cdots$，a_n。那么用方案 A 购买 n 次牛肉时的单价是 $\dfrac{a_1 \times 2+a_2 \times 2+a_3 \times 2+\cdots+a_n \times 2}{2n}=\dfrac{a_1+a_2+a_3+\cdots+a_n}{n}$，即算术平均数；

那么用方案 B 购买 n 次牛肉，每次购买 100 元，一共花了 $100n$ 元，所以 n 次购买牛肉的总质量是 $\dfrac{100}{a_1}+\dfrac{100}{a_2}+\dfrac{100}{a_3}+\cdots+\dfrac{100}{a_n}$ 斤，因此"方案 B：购买 n 次牛肉，每次购买 100 元"的单价是 $\dfrac{100n}{\dfrac{100}{a_1}+\dfrac{100}{a_2}+\dfrac{100}{a_3}+\cdots+\dfrac{100}{a_n}}$

$=\dfrac{n}{\dfrac{1}{a_1}+\dfrac{1}{a_2}+\dfrac{1}{a_3}+\cdots+\dfrac{1}{a_n}}$，即调和平均数。

故由 $\dfrac{n}{\dfrac{1}{a_1}+\dfrac{1}{a_2}+\dfrac{1}{a_3}+\cdots+\dfrac{1}{a_n}} \leqslant \sqrt[n]{a_1 a_2 a_3 \cdot \cdots \cdot a_n} \leqslant \dfrac{a_1+a_2+a_3+\cdots+a_n}{n}$

可知，方案 B 比方案 A 更优惠。

六、探究活动 6

你认为这一结论对生活有什么实践指导意义吗？

答：

由于购买物品的物价会波动，所以根据调和平均数大于或等于算术平均数的原理，在较长一段时间内购买该物品时，采用等金额购买的均价比采用等质量（数量）购买的均价要小。生活中类似的现象还很多，比如汽车加油是加满还是每次加 200 元划算呢？买基金或股票是固定份额购买还是固定金额购买好呢？大家不妨去算一算吧。

附：

"爱生活爱数学"学习小组探究研究活动反思

研究性学习强调通过自主参与类似于科学研究的学习活动，获得亲身体验，逐步形成乐于探究、努力求知的积极态度。研究性学习围绕一个需要解决的实际问题——不等式在购物中的妙用，小组成员在老师指导下，自主地上网查找资料，通过合作交流发现和提出问题，设计解决问题的方案，亲自到身边的市场收集牛肉价格，用不等式分析资料数据，得出结论并进行成果交流活动。我们既应用到已学的知识与经验，又学习和掌握了一些科学的研究方法，提升发现问题和解决问题的能力。

研究性学习过程中，围绕研究主题主动收集、加工处理和利用信息的能力是非常重要的。我们探讨过让买菜的家长们帮助收集数据，但不同区域的家长收集的数据差异较大,如江南的牛肉价格比江北的贵;节假日的肉价比平时的贵;网上的数据又不能真实反映当地牛肉价格波动情况。因此我们选择暑假期间亲自进行价格数据收集,而收集过程中,价格相对比较稳定,收集的时间跨度较大,55元/斤是在中秋节收集的。我们用表格整理与归纳信息,培养恰当地利用信息的能力。

研究性学习的开展努力创设了有利于人际沟通与合作的教育环境,使我们学会交流和分享研究的信息、创意及成果,发展乐于合作的团队精神。研究性学习的过程中,学生养成了严谨、求实的科学态度,勇于克服困难的意志品质。

第二节 牙膏价格与质量关系的数学建模案例

问题：在超市购物时，我们注意到大包装商品比小包装商品便宜，比如洁银牙膏 50 g 装的每支 1.50 元，120 g 装的每支 3.00 元。我们可以通过单位商品价格关于商品质量的函数来分析大包装便宜还是小包装便宜。

一、分析问题

（一）思考

商品价格是由成本决定的，成本可分为生产成本、包装成本和其他成本。生产成本与质量 W 成正比，包装成本与表面积成正比，其他成本与 W 无关。单位质量商品价格 $c = \dfrac{总价格}{总质量}$。牙膏可以近似认为圆柱来思考。

（二）模型假设

设如下变量：

商品价格为 C，商品质量为 W，单位质量商品价格为 c，商品包装面积为 S，生产成本为 C_1，包装成本为 C_2，其他成本为 C_3。

（三）研究的大体思路、方法与步骤

（1）分析商品价格 C 与商品质量 W 的关系。价格由生产成本、包装和其他成本等决定，这些成本中有的与质量 W 成正比，有的与表面积成正比，还有与 W 无关的因素。

（2）求单位质量商品价格 c 与 W 的关系，可以用简图分析。最后结合实验结论，对商家或顾客提出合理的建议。

（四）研究此问题的意义

实际生活中，经常会遇到大、小包装的问题，如洗衣粉、洗发水、纯净水等。在选择购买时，可依据下面的数学模型做选择。

二、模型建立与求解

商品价格由成本决定，商品成本 = 生产成本 + 包装成本 + 其他成本，故 $C = C_1 + C_2 + C_3$，生产成本与质量 W 成正比，设 $C_1 = k_1 W$（k_1 为大于 0 的常数），包装成本与表面积 S 成正比，商品包装包括牙膏包装和牙膏盒包装，牙膏包装与牙膏表面积有关，牙膏盒为长方体，设牙膏盒包装面积为 S_2，牙膏可以近似认为无底的圆柱，设牙膏包装面积为 S_1，即圆柱体侧面积。

设此圆柱体半径为 R，高为 L，则 $S_1 = 2\pi RL$。①

由题意，我们需要将包装面积与商品质量联系在一起，故

我们将牙膏体积 V 近似看为圆柱体积的一半，则 $V = \dfrac{1}{2}\pi R^2 L$。②

设牙膏密度为 ρ，则 $V = \dfrac{W}{\rho}$。③

一般地，为了美观，牙膏的半径与长度有一定比例关系，在这里设 $R = k_2 L$（k_2 为大于 0 的常数）。④

根据②③④，可以得出：$R = \left(\dfrac{2k_2 W}{\rho \pi}\right)^{\frac{1}{3}}$。⑤

再根据①④⑤求得 $S_1 = \dfrac{2\pi}{k_2}\left(\dfrac{2k_2 W}{\rho \pi}\right)^{\frac{2}{3}}$。

我们可以把牙膏盒看成一个长为 L，宽、高都为 $2R$ 的长方体，故牙膏盒包装面积 $S_2 = 8R^2 + 8RL$。

再根据④⑤求得 $S_2 = 8\left(1 + \dfrac{1}{k_2}\right)\left(\dfrac{2k_2 W}{\rho \pi}\right)^{\frac{2}{3}}$，

则包装成本 $C_2 = k_3 \dfrac{2\pi}{k_2}\left(\dfrac{2k_2 W}{\rho \pi}\right)^{\frac{2}{3}} + k_4 \cdot 8\left(1 + \dfrac{1}{k_2}\right)\left(\dfrac{2k_2 W}{\rho \pi}\right)^{\frac{2}{3}}$，$k_3$，$k_4$ 为大于 0 的常数，是包装价格与包装面积的比值。

其他成本 C_3 为固定常数，与 W，S 无关。

即 $C = C_1 + C_2 + C_3 = k_1 W + k_3 \dfrac{2\pi}{k_2}\left(\dfrac{2k_2 W}{\rho \pi}\right)^{\frac{2}{3}} + k_4 \cdot 8\left(1 + \dfrac{1}{k_2}\right)\left(\dfrac{2k_2 W}{\rho \pi}\right)^{\frac{2}{3}} + C_3$。

由于 k_1，k_2，k_3，k_4，ρ 都是大于零的常数，所以商品价格关于商品质量的函数是单调增函数，所以商品质量增大，商品价格增大。

对于单位质量商品价格 c 与商品质量 W 的关系，我们已知 $c = \dfrac{C}{W}$，

由于 k_1，k_2，k_3，k_4，ρ 都是大于零的常数，我们发现包装成本与商品质量成正比，可以简化为 $C_2 = k_5 \times W^{\frac{2}{3}}$，

所以 $c = \dfrac{C}{W} = k_1 + k_5 \times W^{\frac{2}{3}} + \dfrac{C_3}{W}$。

模型解释 $c - W$ 的简图如图 6-2-1 所示。

图 6-2-1

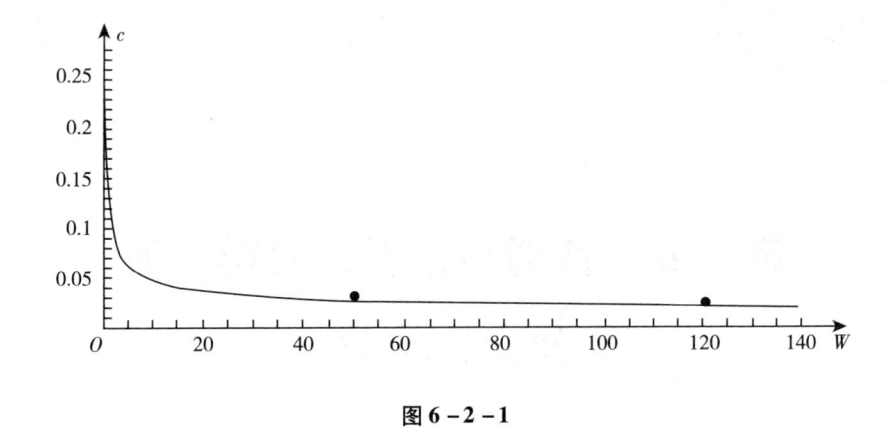

由函数解析式及图像可知，单位商品价格关于商品质量的函数是一个减函数，即随着 W 的增加，c 的减少幅度减少，当 W 很大时，则 c 不再减少，所以说，不要盲目追求大包装商品。

三、结论

对于商家，一般来说，小包装商品的利润较高，但成本也相应地增多，所以应该使包装大小适宜，在适当情况下，可以尽量生产小包装的商品。

对于顾客，在用得完的情况下，尽量买较大的包装，可以节省包装的费用，但是也不能盲目地认为包装越大的商品就越便宜，可能会有其他消耗，如用不完的情况。

第三节 性别与是否经常网购的独立性检验

一、研究过程

（一）活动预备

1. 组建团队

你打算如何完成任务？与同学交换看法，找到与你一拍即合的伙伴组建一个团队。寻找 6 位同学，以 3 人为一小组，分成两个小组，分别对两个不同群体进行调查，然后对调查结果进行分析，并对比两个小组的结果，最后得出结论。

2. 知识储备

独立性检验：

（1）2×2 列联表：列出两个分类变量的频数表（见表 6-3-1）。

表 6-3-1

$P(K^2 \geqslant k_0)$	0.50	0.40	0.25	0.15	0.10	0.05	0.025	0.005	0.001
k_0	0.455	0.708	1.123	2.072	2.706	3.841	5.024	7.879	10.828

（2）算出 K 的观测值 k^2。

（3）如果 $k \geqslant k_0$，判断"X 与 Y 有关系"，这种推断犯错误的概率不

超过 α；否则，就认为在犯错误概率不超过 α 的前提下不能判断"X 与 Y 有关系"。

3. 材料准备

高二（1）班和高二（13）班全体同学的调查问卷。

二、活动过程

（一）提出问题

性别与是否经常网购的关系。

（二）做出猜想与假设

性别与经常网购有关系。

（三）设计初步方案

参考"知识储备"，通过图书馆、上网收集资料，与小伙伴一起制订活动的初步方案（见表 6–3–2）。

表 6–3–2

活动步骤	注意事项
第一步：假设两个分类变量。 （1）性别：男、女。 （2）是否经常网购、不经常网购	
第二步：抽取高二（1）班及高二（13）班进行调查，将调查数据用 2×2 列联表展现出来	
第三步： （1）确定容许判断"性别与经常网购有关"犯错误概率的上限 α。 （2）利用公式 $k^2 = \dfrac{n(ad-bc)^2}{(a+b)(c+d)(a+c)(b+d)}$，求出观测值 k。若 $k \geqslant k_0$ 就判断"在犯错误概率不超过 α 的前提下，性别与经常网购有关。" （3）判断 k 与表中 k_0 的关系	

（四）实践初步方案

与团队小伙伴合作，实践你们的初步方案。

实验记录：

（1）讨论研究自变量。

（2）如何收集数据。

（3）分析数据并得出结论。

（五）优化初步方案

针对实践初步方案中存在的问题，结合实验记录，与团队小伙伴一起讨论并提出优化方案。

讨论记录：

（1）问题1：同一性别中不同年龄段对实验结果造成的影响。

影响因素：年龄。

优化改进方法：选取同一年龄段的人。

（2）问题2：如何定义"经常网购"？

影响因素："经常网购"的区分。

优化改进方法：对"经常网购"做一个区分界限。

（六）实施优化方案

按照调整后的优化方案，重新做调查。

（七）科学推理

对整个活动过程的数据和资料进行归纳、分析、推理，形成最终结论。

三、活动反思

本次活动过程的数据来自高二年级的一个理科班与一个文科班，其中理科班男生12人，女生18人；文科班男生11人，女生29人。两个班的男女比例不平衡，女生人数多于男生，且两班同学都有一定人数的住宿生，住宿生在使用手机方面受到了限制，所以这也是影响调查数据准确性的一个因素。也有一些同学因为个人喜好，喜欢一次性买较多的商品，且两次网购的时间间隔较大。所以小组成员经过商量决定：把单月网购商品的件数超过5件视为"经常网购"。同时，本次调查的对象并不广泛，仅仅涉及本年级两个班的学生。以上是对本次调查的分析和推理。

综上所述，我们以后在做独立性检验的调查中应尽可能确保数据的准确性，如：①做关于性别调查的实验时应确保男女比例平衡，即应尽量减小因比例失衡对结果的影响；②要认真关注调查样本中内部的条件，避免某些原因影响最后的调查结果；③应尽量保证调查对象的广泛性，可以进行更加全面的调查，并不只局限于一个群体。

附：

以下为课题"性别与是否经常网购的独立性检验"完成情况的表格填写（见表6-3-3）。

表6-3-3

1. 课题名称	性别与是否经常网购的独立性检验
2. 课题组成员及分工	课题组长：冯×莹 课题成员：刘×君、曾×帆、李×意、王×怡、黎×雅 指导老师：梁智玲老师
3. 选题的意义 调查性别是否与经常网购有关	

续表

4. 收获与体会

通过对性别与网购的独立性检验，相信你对独立性检验的严谨性有了更深刻的理解，从中获得了不少感悟。请整理好这次活动的内容，以活动报告、手抄报、PPT、小视频、现场展示等你喜欢的方式呈现出来，与同学、老师一起交流分享本次活动的背景、过程、结论、感想和体会。

答：

　　本次活动是班主任召开的关于独立性检验的趣味活动，活动的目的是让同学们更形象地理解独立性检验的具体操作过程。并学会判断数据的精准性，排除调查样本中一些不合理的数据。

　　在实验前，我们对可能遇到的问题进行事先商量，并采取相应的措施。经讨论后我们决定成立三人小组，分别到两个班采集数据，对采集回来的数据正确处理并进行多次验算，尽量减小误差。在完成前面各项工作后，我们积极完成实验报告，并对最后调查数据进行了不同程度的分析，交流了各自的心得。总体来说这是一次很棒的调查，不仅帮助我们更加形象地理解独立性检验方面的问题，同时也增进了同学间的感情，让我们体会到合作的重要性。

　　众人拾柴火焰高，我们在今后的学习中应互相帮助，优势互补，共同学习，共同进步，在合作中体会学习的真正乐趣。

第四节　善用遗忘曲线提升记忆力

人的大脑所能记忆的内容是有限的，随着时间的推移，记忆的东西会逐渐被遗忘。德国心理学家艾宾浩斯第一个发现了记忆遗忘规律。他根据自己得到的测试数据描绘了一条曲线，这就是非常有名的艾宾浩斯遗忘曲线，其中纵坐标表示学习中的记忆保持量，横坐标表示时间。观察图 6-4-1 并回答下列问题。

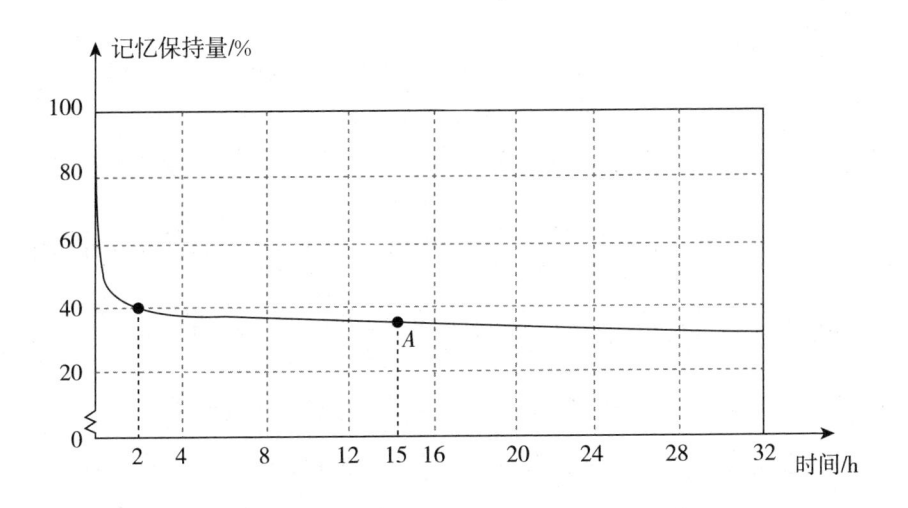

图 6-4-1

一、探究活动 1

两小时后记忆保持了多少？图中 A 点表示的意义是什么？

答：

两小时后记忆曲线经过点（2，40%），表示经过 2 h 后记忆保持量下降到了 40% 左右。图中点 A（15，36%）表示的意义是经过 15 h 后记忆保持量下降到了 36% 左右。

二、探究活动 2

在哪个时间段内遗忘的速度最快？请描述一下遗忘曲线的变化规律。

答：

从 0~0.5 h，记忆保持量由 100% 下降到 58% 左右，平均下降率 $\frac{100\% - 58\%}{0.5} = 0.84$；从 0.5~1 h，记忆保持量由 58% 下降到 42% 左右，平均下降率 $\frac{58\% - 42\%}{1 - 0.5} = 0.32$；从 1~9 h，记忆保持量由 42% 下降到 38% 左右，平均下降率 $\frac{42\% - 38\%}{9 - 1} = 0.005$；从 9~15 h，记忆保持量由 38% 下降到 36% 左右，平均下降率 $\frac{38\% - 36\%}{15 - 9} \approx 0.0033$；从 15~32 h，记忆保持量由 36% 下降到 34% 左右，平均下降率 $\frac{36\% - 34\%}{32 - 15} \approx 0.0012$。由于 0.84 > 0.32 > 0.005 > 0.0033 > 0.0012，从 0~0.5 h 遗忘的速度最快。

遗忘曲线 0~0.5 h 记忆保持量下降速度最快；0.5~1 h 记忆保持量下降速度变缓，但仍然较快；而 1~32 h 记忆保持量变化不明显，特别是从 9~32 h 记忆保持量几乎没有明显变化。这条曲线告诉我们，在学习中的遗忘是有规律的，遗忘的进程很快，并且先快后慢。

三、探究活动 3

学习 24 h 后记忆保持量仅 35% 左右，随着时间推移，时间间隔单位为天时，艾宾浩斯遗忘曲线是什么样的？

答：

艾宾浩斯通过自己背诵一些没有意义的音节，然后在不同的时间间隔后进行回忆，记录了自己的遗忘程度和速度。他发现，人类的记忆在最初的一段时间内会迅速衰减，然后逐渐趋于平缓。他将这种现象用数学公式表示为：

$$R = e^{-\frac{t}{S}}$$

其中，R 表示记忆保持量，t 表示时间间隔，S 表示记忆强度。这个公式表明，记忆保持量与时间间隔成反比，与记忆强度成正比。也就是说，越早回忆，回忆率越高；越强烈记忆，回忆率越高。

艾宾浩斯遗忘曲线如图 6-4-2 所示。

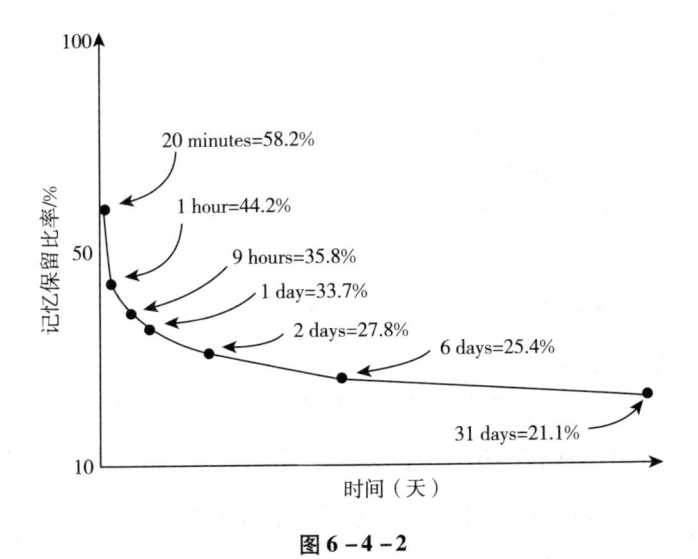

图 6-4-2

四、探究活动 4

艾宾浩斯遗忘曲线说明：当我们学了一个知识并记住之后（暂时记住），很快就会开始遗忘，而且在记住后的两天内就会遗忘一大部分。根据遗忘曲线，如何安排复习时间才能减少遗忘？

答：

要想减少遗忘，就要在"特定"的时间内复习，如：5 分钟、30 分钟、12 小时、1 天、2 天、4 天、7 天、15 天、1 个月、3 个月、6 个月。所以，在学习或记忆之后，要在 24 h 内及时复习，最晚不要超过 2 天，在这个区段内稍加复习即可恢复记忆。过了这个区段因已遗忘了材料的七成以上，复习起来就会事倍功半。根据艾宾浩斯记忆曲线制定的复习计划如表 6-4-1 所示。

表 6-4-1

第一个记忆周期	5 分钟	短期记忆
第二个记忆周期	30 分钟	
第三个记忆周期	8 小时	
第四个记忆周期	1 天后	
第五个记忆周期	2 天后	长期记忆
第六个记忆周期	4 天后	
第七个记忆周期	7 天后	
第八个记忆周期	12 天后	

这个复习计划的特点是，复习的间隔随着时间的推移而逐渐增加，以适应记忆的衰减速度。按照曲线来讲，就是在学习和记住之后，要在 20 分钟后、1 小时后、8 小时后、1 天后、2 天后、6 天后、12 天后等这

些时间段再重复一遍,这样就可以把知识记得很牢,实现长久记忆。(见图 6-4-3)。

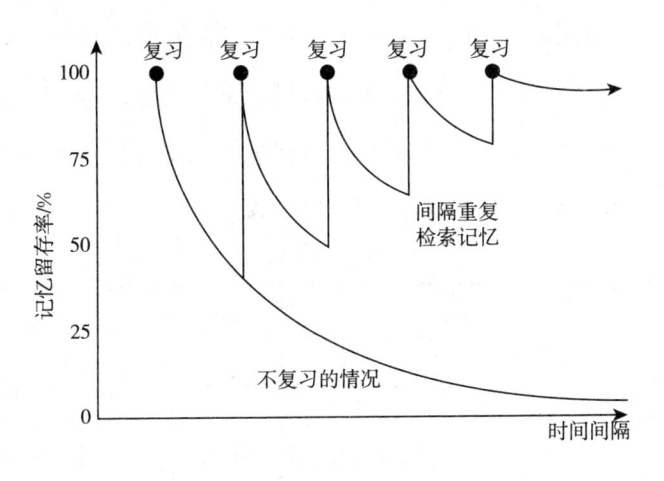

图 6-4-3

首先,在学习当天就要对记忆材料按照第一次记忆后 5 分钟、30 分钟、8 小时分别进行 3 次复习。另外,如果第一次记忆在下午进行,则可对当天的第三次复习时间进行调整(可缩短为第一次记忆后的 6~8 小时),以避免定一个凌晨三四点的闹钟爬起来进行复习。

其次,间隔复习和记忆的方法不是简单重复,而是在"间隔复习和记忆的时间段"提取记忆(或者叫检索记忆)。

提取记忆的具体方法很多,比如:(1)卡片法,比如背单词的时候,在卡片的正反两面分别写下中、英文,看中文想英文、看英文想中文。(2)回想法,比如读完书或上完一节课之后,在一张白纸上写下记得的所有内容。(3)提问法,比如读完书或学习完某章节后,自己设计一些问题,通过回答问题来检测自己对知识的掌握情况。(4)思维导图法,比如阅读一本书之后,把主要内容梳理成思维导图,然后在"间隔复习和记忆的时间段"通过思维导图中的"关键词索引"来回忆书本内容。

再次，针对难度较高的背诵任务可以采取第一天背诵，第二天背诵新内容并且复习前一天所学，进行重复记忆的同时保证背诵进度。

举例如下：高考常考高频词汇的数量为300。假设我们将300个单词分成A、B、C、D、E、F、G七组，再根据艾宾浩斯遗忘曲线的记忆周期来确定每天需要背诵的组数，则能得到表6-4-2。

表6-4-2

Day1	背诵A	Day8	复习A，D，F，G
Day2	背诵B，复习A	Day9	复习B，E，G
Day3	背诵C，复习A，B	Day10	复习C，F
Day4	背诵D，复习B，C	Day11	复习D，G
Day5	背诵E，复习A，C，D	Day12	复习E
Day6	背诵F，复习B，D，E	Day13	复习A，F
Day7	背诵G，复习C，E，F	Day14	复习B，G

五、探究活动5

在实践探究活动四提出的方案后，请说说你有哪些感受？

答：

这个复习计划的特点是，复习的间隔随着时间的推移而逐渐增加，以适应记忆的衰减速度。这样可以避免过早或过晚的复习，节省时间和精力，提高效率和效果。但在实践过程中，受到其他因素影响导致计划没有按时完成，如生病、不够自律坚持、学科时间安排冲突等，导致第5、6、7、8天的任务无法完成。可以根据自己的实际情况和需求，调整复习的间隔和次数，以一天、一周和一月的时间来间隔记忆，找到最适合自己的复习计划。多尝试、多总结总能掌握记忆曲线和复习的方法，做到学以致用，举一反三。

另外，根据记忆遗忘规律制订复习计划并不是影响记忆的唯一要素，我们还可以了解更多的脑科学，比如要想让记忆变得简单，就要学会运用"想象和联想"的能力，让记忆变得有趣，如我们常用的谐音法、图像法、联想法、结构法等。一个人对他所感兴趣的信息和对象，会产生高度集中的注意力与观察力，精神上更加亢奋。记忆时要集中注意力，有明确的目的。只有专心致志，聚精会神，信息和对象才会在大脑皮层中烙上深深的印记。有明确的记忆目的/任务，会产生出一定要记住的紧迫感，这种记忆的强烈动机往往可以大大提高记忆效果。越是理解透彻的内容，越是能清楚地记住。努力地理解内容，看起来像是在绕远路，事实上却是通往记忆的"捷径"。

第五节　数学趣味活动

数学在有些人的眼里，也许是严肃而深奥的，它是一串串数字和字母，一行行繁杂的公式，一个个虚虚实实的立体图形，令人晕头转向、摸不着北。但有时它也是趣味横生的，当我们用心去探寻它、理解应用它时，就能真正体会到来自数学独特的趣味与魅力。数学老师可以指导同学们一起开展数学趣味活动，激发学生主动发现数学、探究数学的热情，在活动中用数学符号来表达，用数学思想方法来思考，享受用数学解决问题的乐趣。笔者在高一下学期中段考后，指导同学们一起开展数学趣味活动，同学们热情高涨，积极开展活动。活动过程如下。

数学课代表把同学们分成 5 个活动小组，小组的组名风趣活泼，如六位帝王玩小组、光宗耀组、有一组、二元一次方程组等，组员利用周末时间整理有趣的数学题，然后在数学课堂上开展数学趣味题抢答活动。

下面来欣赏各组选题。

（1）活动第一组的成员黄欢、凌雨萱、廖宇婕、古静、刘诗琦、古文煜、钟稳立，他们设计了密码游戏。

题一：下课后，阿桑给好朋友小熊留下一张纸条，纸条上写着一串奇怪字母"ydrcp ajyqq kccr zcfglb rfc kcqq fyjj"，小熊马上就明白了阿桑与她约定会面的时间地点，你知道纸条的内容是什么吗？

纸条内容："after class meet behind the mess hall."

题二：我们组的活动宣言是："xp nfo bj tiv yvf!" 请用英语字母表的数序，按一定规律把它译成汉语拼音吧。

我们组的活动宣言是"wo men ai shu xue."（我们爱数学。）

（2）二元一次方程组成员有陈好、张舒婷、黄文丽、钟锦怡、谢嘉琳、房梓媚、周炜姗，他们设计的活动名为"读心术"。

题一：你心里想好一个两位数，将十位上的数字乘5，再加4，再将所得的数乘4，最后将得数加上个位上的数乘2的积。把你的运算结果告诉我，我就能读出你心中的数。

大揭秘：一个两位数是$10x+y$，则运算结果为$z=(5x+4)\times 4+2y=2[(10x+y)+8]$，所以他心中的数$10x+y=z\div 2-8$。如：同学甲的运算结果是64，则他心中的数是$24=64\div 2-8$。

题二：请你心里想好一个数，再把这个数加7，所得的数乘于4，然后再减8，说出你运算的结果，我就能知道你心里的数。

大揭秘：你心里想的数是x，运算结果为$y=(x+7)\times 4-8$，则心里想的数$x=\dfrac{y-20}{4}$。如果你的运算结果是$y=180$，则你心里的数是$x=\dfrac{180-20}{4}=40$。

（3）光宗耀组成员有刘嘉乐、陈炜烽、叶盈仁、吴玉娟、胡思宇、张嘉怡，他们设计的是逻辑推理题。

题一：分别写有1、2、3、4、5的5张卡片，玉娟把这5张卡片从左到右排列成一行，嘉乐问玉娟问题，请根据两人问答，猜一下这个五位数是多少？

问：卡片1左边比它大的数有几个？　答：3个。

问：卡片 2 右边比它大的数有几个？　答：1 个。

问：卡片 3 右边的所有数字之和是多少？　答：8。

嘉乐：这样的话我知道答案啦！你知道了吗？

推理过程：因为这 5 张卡片从左到右排列成一行，卡片 1 左边比它大的数有 3 个，所以卡片 1 排在第四位；卡片 2 右边比它大的数有 1 个，所以卡片 2 排在第三位；卡片 3 右边的所有数字之和是 8，则卡片 3 只能在第一位或者第二位。若卡片在第一位，则卡片 3 右边的所有数字之和是 12，这与已知矛盾，故卡片 3 只能在第二位，卡片 3 的右边的所有数字之和是 8 = 2 + 1 + 5，所以卡片 5 在第五位，卡片 4 在第一位，所以玉娟排的五位数是 43215。

题二：大源、小源和姐姐小君在家玩。这时，妈妈买回一种甜点。

小源：今天的甜点是双皮奶吧？

大源：不是钵仔糕就是双皮奶。

小君：不是清补凉。

妈妈：有人猜对了，也有人猜错了。总之，双皮奶、钵仔糕和清补凉中有一样是对的。

那么，今天的甜点是什么呢？

推理过程：若小源是对的，那么大源也对，小君也对，这与有人猜错相矛盾，所以小源是错的。若小君是错的，则大源也是错的，这与有人猜对矛盾，所以小君是对的；妈妈说"双皮奶、钵仔糕和清补凉中有一样是对的"，所以大源说的是对的，所以今天的甜点是钵仔糕。

(4) 六位帝王玩小组成员杨煜昊、熊一玮、江承涛、黄灿杰、黄玉瑜、陈雅雯、陈楷曼，他们题为不可思议的变化。

题一：多啦 A 梦口袋里拿出一个不可思议的"增加彩色水果糖"。

这个彩色水果糖 1 分钟内会增加到 2 个，而且新增加的彩色水果糖 1 分钟也会增加到 2 个，依次类推。多啦 A 梦上午 8 点把这个彩色水果糖放进了一个大瓶子里，上午 9 点时，整个瓶子就充满了彩色水果糖。

请问：在几点几分时，彩色水果糖充满了整个瓶子的一半呢？

分析验证：每经过 1 分钟，彩色水果糖就会变为原来的 2 倍，即 1 分钟之前的数量是 1 分钟之后的一半。上午 9 点时，整个瓶子就充满了彩色水果糖，则上午 8 时 59 分时彩色水果糖充满了整个瓶子的一半。

题二：把一根绳子对折后，用剪刀从中间剪断，绳子就变成了 3 根。那么把一根绳子对折 7 次后，再用剪刀从中间剪断后，绳子会变成几根？

验证分析①：把绳子对折 1 次后，用剪刀从中间剪断，相当于一根绳子剪了 2 次，绳子变成 3 根；

验证分析②：把绳子对折 2 次后，用剪刀从中间剪断，相当于一根绳子剪了 4 次，绳子变成 5 根；

分析③：对折次数、剪绳子的次数与剪得绳子根数关系如表 6-5-1 所示。

表 6-5-1

对折次数	1	2	3	4	5	……
剪绳子的次数	2	2×2	2×2×2	2×2×2×2	2×2×2×2×2	……
剪得绳子根数	2+1	2^2+1	2^3+1	2^4+1	2^5+1	……

通过以上验证，绳子每对折 1 次，用剪刀剪的次数就会变为原来的 2 倍；剪得绳子的根数 = 剪绳子的次数 + 1。

结论：绳子每对折 7 次后，再用剪刀从中间剪断，就相当于一根绳

子剪了 $2^7 = 128$ 次，所以，把绳子对折 7 次后，用刀从中间剪断，绳子变成 $128 + 1 = 129$（根）。

（5）有一组的同学出了一个"谁说谎"的推理题，激发了侦探迷们的热情。

题目：小舟、小高、小炜、小度、小爱、青青、佳媚、小健 8 个人的对话如下：

小舟：我们当中至少有 1 个人实话。

小高：我们当中至少有 2 个人实话。

小炜：我们当中至少有 3 个人实话。

小度：我们当中至少有 4 个人实话。

小爱：我们当中至少有 1 个人说谎。

青青：我们当中至少有 2 个人说谎。

佳媚：我们当中至少有 3 个人说谎。

小健：我们当中至少有 4 个人说谎。

请问：谁在说谎？

（把所有说谎的人都找出来，如果没有人说谎，则回答没有人说谎。）

解密步骤 1：假设说实话的 0 人，说谎的有 8 人，则小爱、青青、佳媚、小健 4 个人说的都是实话，这与假设矛盾，故假设不成立。

解密步骤 2：假设说实话的 1 人，说谎的有 7 人，则小舟、小爱、青青、佳媚、小健 5 个人说的都是实话，这与假设矛盾，故假设不成立。

解密步骤 3：我们已经有验证经验，根据假设推导出矛盾，具体验证如表 6 – 5 – 2 所示。

表 6-5-2

假设说实话的人数	0	1	2	3	4	5	6	7	8
假设说谎的人数	8	7	6	5	4	3	2	1	0
由假设推导出说实话的人数	4	5	6	7	8	7	6	5	4
是否矛盾	是	是	是	是	是	是	否	是	是
说实话的人的姓名							佳媚、小健		

答案：佳媚和小健在说谎。